BAUMGARTNER / HAUER / MAHRINGER-EDER / MAYRWÖGER / OBERMAYR

DINKEL, AMARANT, QUINOA & CO.

Korngesunde Köstlichkeiten

Dinkel AMARANT Quinoa & Co.

KORNGESUNDE KÖSTLICHKEITEN

BAUMGARTNER / HAUER / MAHRINGER-EDER / MAYRWÖGER / OBERMAYR

Leopold Stocker Verlag

Graz – Stuttgart

Umschlaggestaltung: Werbeagentur Rypka GmbH, 8143 Dobl/Graz

Bildnachweis:
Cover großes Bild: Christian Strobl Photography
Cover kleines Bild: Andrea Jungwirth
Coverrückseite: Antonio Husar

Rezeptfotos:
Wolfgang Hummer, S. 81, 95
Antonio Husar, S. 5, 39, 41, 43, 45, 49, 55, 56, 61, 69, 71, 73, 85, 87, 89, 91, 97, 101, 111, 113, 123, 127, 133, 135, 137, 143, 149, 151, 155, 161, 163, 169, 171, 175
Andrea Jungwirth, S. 38, 40, 51, 65, 67, 70, 75, 77, 99, 103, 107, 115, 125, 129, 131, 140, 141, 148, 157, 159, 165, 167, 173
Werner Krug, S. 27, 79
Mona Lorenz, S. 47, 53, 59, 63, 83, 119, 139, 147
Philipp Podesser, S. 37, 46, 60, 68, 80, 86, 93, 105, 109, 112, 117, 121, 138, 145, 153, 162

Getreidefotos im Rezeptteil: Christian Strobl Photography

Einleitungsteil & allgemeine Fotos:
Andrea Jungwirth, S. 29
Mona Lorenz, S. 17, 23
Christian Strobl Photography, S. 20, 32
Ing. Peter Köppl, LWK. OÖ, S. 9, 10 li. o. und re., 11, 13 li., 15 u., 19, 32
Reinhold Zötsch, S. 12 o.
Roger Culos/Wikimedia CC BY-SA 3.0, S. 10 li. u.; H. Zell/Wikimedia CC BY-SA 3.0, S. 14 li.
istock/egal, S. 7; iStock/kaanates, S. 12 u.
rgb-Stock/Cyanocorax, S. 14 re.
Fotolia/shantihessse, S. 15 o.
Archiv Stocker Verlag, S. 13 r., 24–26, 28, 118, 174
Autorinnen, S. 6, 8, 16, 18, 22

Bibliografische Information der Deutschen Nationalbibliothek
Die Deutsche Nationalbibliothek verzeichnet diese Publikation
in der Deutschen Nationalbibliografie; detaillierte bibliografische
Daten sind im Internet unter http://dnb.d-nb.de abrufbar.

Hinweis: Dieses Buch wurde auf chlorfrei gebleichtem Papier
gedruckt. Die zum Schutz vor Verschmutzung verwendete
Einschweißfolie ist aus Polyethylen chlor- und schwefelfrei
hergestellt. Diese umweltfreundliche Folie verhält sich grundwasserneutral,
ist voll recyclingfähig und verbrennt in Müllverbrennungsanlagen
völlig ungiftig.

ISBN 978-3-7020-1651-7

Layout: Werbeagentur Rypka GmbH, 8143 Dobl/Graz
Gesamtherstellung: Gorenjski tisk, Kranj, Slowenien

INHALT

VORWORT

Mit unserem Buch „Dinkel, Amarant, Quinoa & Co. – Korngesunde Köstlichkeiten" laden wir Sie ein, Getreide in allen Variationen neu zu entdecken! Wir möchten Sie dazu anregen, die Vielfalt des Getreides kennenzulernen und dieses ernährungsphysiologisch wertvolle Lebensmittel wieder verstärkt in Ihren Speiseplan einzubauen.

In diesem Buch finden Sie neben Rezepten mit Vollkorn auch solche, für die wir die gewohnten Mehle verwendet haben. Der Bogen spannt sich von bekannten Getreidesorten wie Weizen und Roggen über Dinkel und Hafer bis hin zu nicht so Bekanntem wie Hirse, Buchweizen, Amarant und Quinoa.

Beim Erstellen der Rezepte haben wir darauf geachtet, dass sie in unseren heutigen Lebensalltag passen: einfach, gesund und bekömmlich. Beim Durchblättern dieses Buches werden Sie in den Steckbriefen der einzelnen Getreidearten interessante Informationen zur Botanik und zum gesundheitlichen Nutzen entdecken.

Uns hat das Kreieren und Ausprobieren der Rezepte mit oft ungewöhnlichen Zutaten und die mit Spannung erwartete erste Kostprobe sehr vergnüg-

liche Stunden bereitet. Bei „Testessen" im Freundeskreis ist es immer wieder gelungen, Personen, die der Getreideküche bislang skeptisch gegenüberstanden, vom kulinarischen Erlebnis „Getreide" zu überzeugen. Es wäre schön, wenn Sie beim Ausprobieren und Genießen unserer Rezepte genauso viel Spaß und Freude hätten wie wir.

Sie können aus einer Vielzahl von Rezepten für köstliche Salate, Suppen, pikante und süße Hauptspeisen, Kuchen, Torten, Desserts, Brot, Gebäck und Aufstriche wählen. Stellen Sie doch einfach einmal ein Getreidemenü zusammen oder genießen Sie einzelne Gerichte als Highlights. Dabei ist es uns ein großes Anliegen, Sie zu ermutigen, Ihrer Phantasie freien Lauf zu lassen und sich nicht nur an den Rezeptangaben zu orientieren. Sie werden staunen, welche originellen Köstlichkeiten so entstehen! Sind Sie noch kein Profi in Sachen Getreideküche? Auch für Sie bietet unser Buch den besten Einstieg – wir haben für Sie sehr detaillierte Zutatenlisten und Zubereitungshinweise erstellt, die Ihnen bei der Zubereitung Sicherheit geben und Ihnen ein köstliches Ergebnis garantieren.

Gutes Gelingen wünschen Ihnen die Autorinnen!

EINLEITUNG

Getreide und daraus gewonnene Erzeugnisse sind in der Geschichte der Menschheit seit Jahrtausenden die wichtigste Nahrungsgrundlage. Getreide gehört zu den preisgünstigsten Lebensmitteln, ist einfach und lange zu lagern und liefert uns viele wertvolle Nährstoffe. Trotzdem ist es in der täglichen Küche etwas in den Hintergrund gerückt. Viele wagen sich nicht an das Kochen mit Getreide heran, weil sie zu wenig Erfahrung mit diesem wertvollen und vielseitigen Lebensmittel in Theorie und Praxis besitzen. Dieses Buch soll Ihr Wissen zu diesem Thema erweitern und Ihnen die vielfältigen Möglichkeiten aufzeigen, Getreide zu einem fixen Bestandteil Ihres Speisezettels zu machen. Es soll für Sie zu einem verlässlichen Partner werden, wenn es um Getreidespezialitäten aller Art geht!

HISTORISCHES UND ANBAU-BEDINGUNGEN

Der Getreideanbau hat weltweit große Bedeutung. Einige Getreidearten, wie z. B. Weizen, zählen zu den ältesten Kulturpflanzen der Welt. Man unterscheidet zwischen Zerealien (Weizen, Roggen, Hafer, Gerste, Reis, Mais und Hirse) und den sogenannten Pseudozerealien (Buchweizen, Quinoa und Amarant), die botanisch nicht zum Getreide gehören, in ihrer Zusammensetzung aber dem Getreide sehr ähnlich sind und sich auch so verarbeiten und verwenden lassen.

DIE HÄUFIGSTEN GETREIDEARTEN *(ZEREALIEN)*

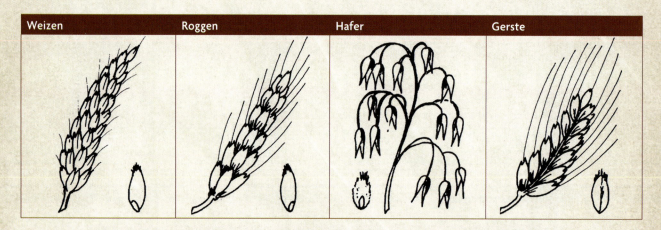

Weizen | Roggen | Hafer | Gerste

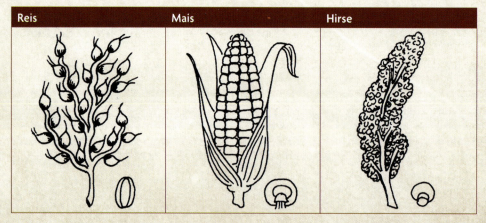

Reis | Mais | Hirse

Weizen – *Triticum*

Weizen ist eine Getreideart mit einem großen Formenreichtum. Zum Weizen gehören auch Getreide wie Dinkel, Hart- und Weichweizen, Emmer, Kamut oder Einkorn. Wie der folgenden Aufstellung entnommen werden kann, kennt man drei Abstammungsreihen:

Weizen		
Dinkelreihe	**Emmerreihe**	**Einkornreihe**
Weichweizen	Emmer	Einkorn
Dinkel	Hartweizen	
	Khorasanweizen (auch Kamut – Schutzmarke)	

DINKELREIHE

Weichweizen – *Triticum aestivum*

Weichweizen wird in unseren Breiten am häufigsten angebaut. Er stellt hohe Ansprüche an den Standort. So bevorzugt er Böden mit einem ausgeglichenen Wasser- und Lufthaushalt, einer guten Wasserspeicherfähigkeit und einem pH-Wert im neutralen Bereich. Beim Weichweizen unterscheidet man eine Sommer- und Winterform. Von allen Weizenarten werden beim Weichweizen die höchsten Erträge erzielt. Für die Verwendung als Nahrungsmittel ist vor allem eine gute äußere und innere Qualität von entscheidender Bedeutung. Beim Weichweizen handelt es sich um eine freidreschende Getreideart, d. h., am Weizenkorn haftet nach der Ernte keine Spelze. Es kann nach entsprechender Aufbereitung (z. B. Trocknung) verwendet werden.

Dinkel – *Triticum spelta*

In letzter Zeit kommt es verstärkt zu einer Wiederentdeckung dieser teilweise schon in Vergessenheit geratenen Getreideart. Sie wird vermehrt vom Konsumenten nachgefragt und daher auch von Landwirten angebaut.

Dinkel zählt – wie auch Einkorn und Emmer – zu den Spelzweizen. Bei diesen Weizenarten haften nach dem Drusch noch die Spelzen (Vesen) an den Körnern. Vor der weiteren Verarbeitung sind die Getreidekörner von den Spelzen zu trennen.

Dinkel zeichnet sich durch seine Robustheit und geringen Ansprüche an den Standort aus. Die Backeigenschaft von Dinkel ist allerdings nicht ganz so gut wie jene von Weichweizen. Wird Dinkel bereits sehr früh geerntet (Reifestadium: Teigreife oder Milchreife) und anschließend bei ca. 120 °C gedarrt, so wird dieser als Grünkern vermarktet.

Weizen

Hartweizen

Dinkel

9

Kamut

Roggen

Grünkern zeichnet sich durch einen typischen, aromatischen, nussig-würzigen Geschmack aus.

EMMERREIHE

Hartweizen – *Triticum durum*

Hartweizen – auch Durumweizen genannt – wird für die Herstellung von Nudeln verwendet und vor allem in den Mittelmeerländern kultiviert. In Österreich wird Hartweizen im Osten angebaut. In Deutschland hat der Hartweizenanbau fast keine Bedeutung.

Khorasanweizen (Kamut = Markenbezeichnung)

Bei Khorasanweizen (auch Khorassan-Weizen) handelt es sich um einen Sommerhartweizen. Er weist eine geringe Anpassungsfähigkeit auf und zeichnet sich durch ein großes und schweres Korn aus. Vermarktet wird Khorasanweizen unter der Bezeichnung Kamut.

Roggen – *Secale cereale*

Roggen stammt aus Kleinasien. Im Jahr 2016 wurde Roggen in Österreich auf einer Fläche von ungefähr 37.000 ha als Brotgetreide kultiviert. In Deutschland bewegt sich die Anbaufläche zwischen 600.000 und 800.000 ha. Roggen stellt nur geringe Ansprüche an den Boden.

Besonders hervorzuheben ist die Frostresistenz des Roggens bis ca. −25 °C, die von keiner anderen Getreideart erreicht wird. Pflanzenbaulich betrachtet, lässt sich Roggen aufgrund seiner geringeren Empfindlichkeit gegenüber Krankheiten auch gut in die Fruchtfolge einplanen. Beim Drusch fallen die Körner leicht aus den Spelzen (freidreschend).

Hafer

Gerste

Hafer – *Avena sativa*

Hafer wird aufgrund seiner physiologisch wertvollen Eigenschaften wieder verstärkt als Nahrungsmittel geschätzt. Vor allem in Müslis oder Frühstücksflocken sind Hafererzeugnisse häufig zu finden. Er hat als Blütenstand eine Rispe.

Hafer stellt aufgrund seines hohen Wasserbedarfs hohe Ansprüche an den Wasserhaushalt des Bodens. Ist die Wasserversorgung sichergestellt, gedeiht Hafer auch noch in raueren (kühleren) Klimabereichen. Hafer muss für den Einsatz in der Lebensmittelindustrie von den Spelzen befreit werden. Eine Sonderform des Hafers ist der Nackthafer, der für die Lebensmittelindustrie Vorteile bietet.

Gerste – *Hordeum vulgare*

Bei Gerste unterscheidet man eine Sommer- und eine Winterform. In Österreich und Deutschland wird Wintergerste vorwiegend für Futterzwecke angebaut, während Sommergerste vor allem als Braugerste verwendet wird. Wintergerste ist mit einer Winterfestigkeit bis −15 °C die frostempfindlichste Wintergetreideart. Es scheiden somit Standorte mit hoher Frostgefahr aus. Gerste hat im Vergleich zu anderen Getreidearten einen geringen Wasserverbrauch.

Bei der Gerste sind die Spelzen fest mit dem Korn verwachsen. Eine Sonderform stellen die Nacktgersten dar, bei denen dies nicht der Fall ist.

Reis gibt es mittlerweile in vielen verschiedenen Sorten: vom Wildreis bis zum Rundkornreis.

Reis

Reis – *Oryza sativa*

Reis wird vor allem in Asien als sogenannter „Nassreis" angebaut. Anbaugebiete in Europa finden sich in Südfrankreich und Norditalien. Reis wird vorwiegend als Nahrungsgetreide angebaut. Beim Reis gibt es zahlreiche Sorten und Typen, die sich in Korngröße, Kornform, Geschmack und Kochqualität unterscheiden.

Reis gehört botanisch zur Familie der Gräser. Die Körner befinden sich in einer Rispe. Sie sind von Spelzen, die sich beim Drusch nicht lösen, fest umschlossen.

Hirse

Mais

Hirse – *Panicum miliaceum*

Die Herkunft der Hirse ist nicht eindeutig nachzu-
weisen; sie könnte ursprünglich aus der Mongolei,
aus China bzw. Indien kommen. Hirse zählt zur Familie der Gräser und ist eine Kulturpflanze mit relativ
kurzer Vegetationsdauer. Die Hirse bevorzugt einen
humosen Sandboden und zur Zeit der Aussaat höhe-
re Temperaturen. Die kleinen gelben Körner sind von
einer Deckspelze fest umschlossen und müssen daher
vor ihrer Verwendung als Lebensmittel geschält werden.

Hirse ist das wichtigste Grundnahrungsmittel in Afrika, im Vorderen Orient und in Indien.

Mais – *Zea mays*

Mais stammt aus Mittelamerika und gehört zur Pflan-
zenfamilie der Gräser. Auf der Maispflanze sind die
männlichen und weiblichen Blüten (Fahnen und Kol-
ben) räumlich getrennt.

Bei der Auswahl der Sorten müssen die unterschiedlichen klimatischen Voraussetzungen berücksichtigt
werden (sehr früh bis spät reifende Sorten). Mais benötigt für seine gesamte Entwicklung viel Wärme. Er
bevorzugt leicht bearbeitbare, lockere Böden mit einem pH-Wert im neutralen Bereich.
Weltweit kommt dem Mais eine große Bedeutung in
der Ernährung zu.

Buchweizenpflanze

Amarant

PSEUDOZEREALIEN

Buchweizen –
Fagopyrum esculentum

Buchweizen stammt aus Mittelasien und gehört zur Familie der Knöterichgewächse. Die Pflanze hat weiße bis rosarote Blüten und wird vorwiegend für Gründüngungszwecke angebaut.

Buchweizen ist bezüglich der Standortbedingungen besonders anspruchslos. Bevorzugt gedeiht er auf leichten Böden mit einem pH-Wert im neutralen Bereich. Buchweizen weist eine sehr kurze Vegetationszeit auf.

Die dreikantigen Früchte können als Lebensmittel verwendet werden. Der Name Buchweizen leitet sich von seinen braunen dreikantigen Früchten ab, die eine ähnliche Form wie Bucheckern haben.

Amarant –
Amaranthus caudatus

Amarant war für die Azteken und Inkas in Mittelamerika eine wichtige Pflanze. Amarant gehört zur Familie der Fuchsschwanzgewächse. Viele winzige goldgelbe bis karminrote Samen sind in großen Fruchtständen enthalten.

Amarant ist eine wärmebedürftige Pflanze mit relativ geringen Bodenansprüchen. Ihre genetische Vielfalt bietet heute ein reiches Potenzial für die Auswahl regional angepasster Sorten, insbesondere für den Bioanbau.

Quinoa erreicht eine Wuchshöhe von bis zu 1,5 m.

Quinoa – *Chenopodium quinoa*

Quinoa diente schon vor 6000 Jahren den Ureinwohnern der Anden als wichtige Nahrungsgrundlage und zählt zur Familie der Gänsefußgewächse. Quinoa wird auch noch als Reismelde bezeichnet.

Die Samen der Quinoapflanze können je nach Herkunft und Sorte unterschiedlich gefärbt sein. Die hierzulande erhältlichen Samen weisen eher eine helle Färbung auf. Quinoa ist eine äußerst robuste und anspruchslose Kulturpflanze. Sie kann auch in jenen Höhenlagen noch kultiviert werden, wo es keinen Anbau von Getreide mehr gibt.

In Europa werden lediglich die Samen der Quinoapflanze als Nahrungsmittel verwendet, in den ursprünglichen Anbaugebieten werden aber auch die Blätter als Gemüse gegessen.

Quinoa

DAS GETREIDEKORN

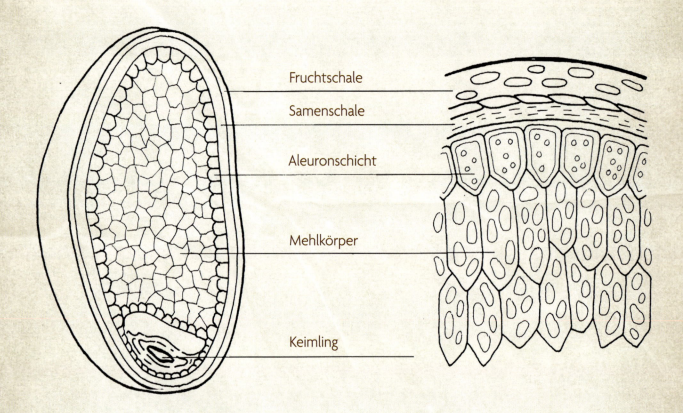

Fruchtschale

Samenschale

Aleuronschicht

Mehlkörper

Keimling

Inhaltsstoffe des Getreidekorns

Bestandteile des Getreidekorns		Nährstoffe
Kleie	Frucht- und Samenschale	Ballaststoffe, sekundäre Pflanzenstoffe
	Aleuronschicht	Eiweißstoffe, Vitamine, Mineralstoffe
	Keimling	Fette, Eiweißstoffe, Vitamine, Mineralstoffe
Mehl	Mehlkörper	Stärke, Eiweißstoffe

Im Gegensatz zum Auszugsmehl wird Vollkornmehl nicht von der Kleie getrennt, beinhaltet also auch die Schale, die Aleuronschicht und den Keimling.

Ernährungsphysiologische Bedeutung

Getreide verdient einen Spitzenplatz in unserem Speiseplan – und das gilt nicht nur für Brot und Gebäck aus Weizen und Roggen. Zu Unrecht vergessene Sorten wie Hirse und Buchweizen, wieder „moderne" Getreidesorten wie Dinkel oder Einkorn und früher weniger bekannte Pseudozerealien wie Amarant und Quinoa bringen noch mehr Abwechslung und gesundheitliche Vorteile. Getreideprodukte enthalten eine Vielzahl von Stoffen, die für eine ausgewogene Ernährung unentbehrlich sind und die sie zu wertvollen Bestandteilen unseres Speisezettels machen.

Welche Inhaltsstoffe machen das Getreide so wertvoll?

Getreide und Getreideprodukte sind reich an **Kohlenhydraten** und **pflanzlichem Eiweiß**. Die Kohlenhydrate liegen in Form von Stärke vor. Vollkornprodukte zeichnen sich darüber hinaus durch einen **hohen Mineralstoffanteil** (Calcium, Kalium, Magnesium, Phosphor, Eisen) aus. Weiters sind sie reich an Vitaminen der B-Gruppe und an Vitamin E. Sie haben einen Ballaststoffgehalt, der höher liegt als bei den meisten anderen pflanzlichen Lebensmitteln. Sie enthalten sehr wenig Fett, das aber reich an lebenswichtigen **ungesättigten Fettsäuren** ist. Diese können vor Herz-Kreislauf-Erkrankungen schützen. Das Eiweiß des Mehlkörpers ist unter anderem das Klebereiweiß. Von ihm hängt die Backfähigkeit des Mehles ab. Biologisch höherwertig sind die Eiweißstoffe der Aleuronschicht und des Keimlings.

Außerdem enthalten Getreideprodukte **sekundäre Pflanzenstoffe**. Bei Getreide kann man die Phenolsäure hervorheben. Sekundäre Pflanzenstoffe kommen im Vergleich zu den primären Pflanzenstoffen (Kohlenhydrate, Eiweiße und Fette) nur in geringen Mengen vor. Die Pflanzen produzieren diese Stoffe als Schutz gegen Schädlinge und Krankheiten, als Wachstumshormone, Duft-, Aroma- oder Farbstoffe. Beim Menschen zeigen sie gesundheitsfördernde Wirkungen: Zahlreiche dieser sekundären Pflanzenstoffe sind wirksame Antioxidantien und können im Körper freie Sauerstoffradikale reduzieren, die wiederum mit degenerativen Alterungsprozessen und verschiedenen Krankheiten in Verbindung gebracht werden. Forschungsergebnisse deuten darauf hin, dass einige dieser Verbindungen vor Krebs und Herz-Kreislauf-Erkrankungen schützen können. Die sekundären Pflanzenstoffe sind vor allem in den Schalenteilen enthalten – ein Teil Ihres täglichen Getreidekonsums sollte deshalb aus Vollkornprodukten bestehen.

> Korngesunde Köstlichkeit: Getreide ist ein wertvoller Lieferant von Ballaststoffen, Eiweiß, Vitaminen, Mineralstoffen, ungesättigten Fettsäuren …

Ballaststoffe – kein unnötiger „Ballast"!

Die Ballaststoffe schließen die Stärkekörner ein und bilden dadurch eine physikalische Barriere gegen Verdauungsenzyme. Das führt zu einer verzögerten Freisetzung der Kohlenhydrate. Sie sorgen für einen gleichmäßigen Blutzuckerspiegel, eine lang anhaltende Sättigung und eine ausgewogene Leistungsfähigkeit. Die unverdaulichen Ballaststoffe greifen regulierend in die Darmtätigkeit ein und unterstützen gesundheitsfördernde Prozesse. Sie können unerwünschte Nahrungsinhaltsstoffe binden, die Darmpassage beschleunigen und so die Kontaktzeit unerwünschter Stoffe mit der Darmschleimhaut verkürzen. Manche Ballaststoffe (z. B. Inulin) haben eine präbiotische Wirkung, d. h., sie fördern eine positive Bakterienflora. Diese Bakterien zersetzen einen Teil der Ballaststoffe im Dickdarm zu kurzkettigen Fettsäuren. Diese senken den pH-Wert des Darminhaltes und dienen auch der Darmschleimhaut als Nährstoff. Vollkorngetreide ist der wichtigste Lieferant von Ballaststoffen in unserer Ernährung.

Weizenkörner

Welche Inhaltsstoffe machen die Pseudozerealien Amarant und Quinoa so wertvoll?

Sowohl Amarant als auch Quinoa sind wertvolle Proteinlieferanten, weil sie besonders hochwertiges Eiweiß enthalten. Hohe Mineralstoffgehalte sind ein weiterer ernährungsphysiologischer Vorteil. Amarant und Quinoa sind bedeutende Eisen- und Magnesiumquellen. In großer Menge findet sich Calcium im Amarant, Quinoa gilt als guter Kaliumlieferant.

GETREIDE-UNVERTRÄGLICH-KEIT

F ür immer mehr Menschen ist das Thema „Getreideunverträglichkeit" von großem Interesse. Doch es ist oft unklar, wer tatsächlich bei Getreide und Getreideprodukten Vorsicht walten lassen muss. Große Unsicherheiten gibt es vor allem, was Gluten betrifft.

Eines vorweg – es ist nicht ratsam, die Lebensmittelauswahl ohne fachmedizinische Diagnose auf eigene Faust einzuschränken. Lautet die Diagnose tatsächlich Zöliakie oder Weizenallergie oder auch Glutensensitivität, sind unterschiedliche Ernährungsformen notwendig.

ZÖLIAKIE UND GETREIDE – UNVEREINBAR?

Zöliakie ist eine komplexe Autoimmunerkrankung, die durch Gluten in der Nahrung verursacht wird. Etwa 1 % der Bevölkerung in Europa ist von Zöliakie betroffen. Sie kann in jedem Lebensalter auftreten und bleibt dann ein Leben lang bestehen.

Nach den heutigen medizinischen Erkenntnissen müssen Zöliakie-Betroffene strikt darauf achten, dass sie Klebereiweiß (Gluten) und ähnliche Eiweißkörper in ihrer Ernährung meiden.

Bei einer Glutenunverträglichkeit bilden sich die Darmzotten zurück, was zu einer gestörten Nährstoffaufnahme führt. **Symptome**, die an das Vorliegen einer Zöliakie denken lassen, sind häufig Eisenmangelanämie, Müdigkeit, Durchfall oder Verstopfung, Blähungen, Übelkeit, Bauchschmerzen, fehlende Gewichtszunahme, Kleinwuchs, Muskel- und Gelenksschmerzen sowie verminderte Leistungsfähigkeit und gesteigerte Infektanfälligkeit. Allerdings müssen diese Symptome nicht auftreten.

Um eine Zöliakie zweifelsfrei diagnostizieren zu können, muss der Arzt neben einer Blutuntersuchung auch eine Dünndarmbiopsie oder Gastroskopie durchführen. Es ist davor zu warnen, ohne Diagnose eine glutenfreie Ernährung zu wählen. Wenn Sie den Verdacht haben, an Zöliakie zu leiden, ist eine ärztliche Abklärung unverzüglich in die Wege zu leiten! Durch eine strikt glutenfreie Ernährung kommt es zur Besserung der oben genannten Beschwerden und zum Wiederaufbau der Zotten der Dünndarmschleimhaut.

Symptome, die auf Zöliakie schließen lassen können: Durchfall oder Verstopfung, Übelkeit, Bauchschmerzen, keine Gewichtszunahme ....

Maisgrieß ist für Zöliakie-Betroffene problemlos verträglich.

Gluten und ähnliche Getreideeiweiße sind in Weizen, Dinkel, Roggen, Hafer, Gerste, Grünkern, Kamut, Einkorn und Emmer enthalten. Es ist aber auch zu beachten, dass Lebensmittel, die aus den oben angeführten Zerealien bestehen, ebenfalls zu meiden sind. Das trifft unter anderem auf Mehl, Grieß, Graupen, Stärke, Flocken, Brösel, Teigwaren, Brot und Gebäck, Gnocchi, Pizza, Knödel, Kuchen, Torten, Kekse, Müsliriegel, Eiswaffeln, malzhältige Lebensmittel wie Bier und Malzkaffee sowie Knabbergebäck zu. Auch wenn Gluteneiweiß nur in Spuren enthalten ist, kann das negative Folgen für die Gesundheit nach sich ziehen. Die Verträglichkeit von Hafer ist individuell unterschiedlich und sollte medizinisch abgeklärt werden.

Nicht geeignet für Zöliakie-Betroffene: Dinkel, Roggen, ev. Hafer, Gerste, Grünkern, Kamut, Einkorn und Emmer.

Sollten Sie an Zöliakie leiden, stehen Ihnen heute spezielle diätetische Produkte aus vielen Lebensmittelgruppen zur Verfügung. Aber auch einige Getreide bzw. Pseudozerealien gelten als unbedenklich. Dazu gehören Reis (auch Wildreis), Mais, Hirse, Buchweizen, Amarant und Quinoa. Kaufen Sie daher die geeigneten Getreide immer als ganze Körner und prüfen Sie gründlich, ob nicht vereinzelt glutenhältige Getreidekörner vorhanden sind. Am besten mahlen Sie die für Sie geeigneten Getreide bzw. Pseudozerealien selber in einer Getreidemühle. Dabei ist aber zu beachten, dass in der gleichen Getreidemühle keine glutenhältigen Körner gemahlen werden!

> Geeignet für Zöliakie-Betroffene: Reis, Mais, Hirse, Buchweizen, Amarant und Quinoa.

Achten Sie in Ihrer Ernährung besonders auf versteckte Glutenquellen in Halbfertig- und Fertigprodukten, wie z. B. in gebundenen Soßen, Suppen, Fertiggerichten und Pudding. Auch Medikamente und Nahrungsergänzungsmittel können Gluten aufweisen. Passen Sie auch bei Produkten aus Getreidemischungen (Brote, Buchweizennudeln etc.) auf – eine Produktbezeichnung mit einem „erlaubten" Getreide garantiert noch nicht, dass nur diese eine Art enthalten ist. Als glutenfreie Verdickungsmittel eignen sich Mais- und Reisstärke.

Nicht nur eine **überlegte Lebensmittelauswahl**, sondern auch die Beachtung einiger wichtiger Punkte bei ihrer **Verarbeitung im Haushalt** sind Voraussetzungen für ein beschwerdefreies Leben:
- Achten Sie darauf, dass Mehlstaub usw. nicht über Geschirrtücher, Arbeitsgeräte und Arbeitsflächen auf Ihre Lebensmittel übertragen wird.
- Verwenden Sie Arbeitsgeräte aus Holz nur für glutenfreie Produkte. Selbst bei sehr sorgfältiger Reinigung können Spuren von Gluten haften bleiben und andere Lebensmittel kontaminieren.
- Glutenfreie Lebensmittel und glutenhältige Lebensmittel strikt voneinander getrennt lagern, wenn möglich in gut verschlossenen Behältern.
- Nie eine Fritteuse verwenden, in der bereits glutenhältige Lebensmittel frittiert wurden.
- Arbeitsgeräte immer äußerst sauber halten und nicht von einem glutenhältigen zu einem glutenfreien Lebensmittel wechseln.
- Für glutenfreies Brot und Gebäck immer einen eigenen Brotkorb verwenden.

- Glutenhältige und glutenfreie Lebensmittel nicht gleichzeitig im selben Kochgeschirr zubereiten. Wenden oder rühren Sie die Lebensmittel auch nicht mit demselben Arbeitsgerät!

> Gluten kann auch über Mehlstaub, Arbeitsgeräte und Aufbewahrungsgeräte auf glutenfreie Lebensmittel übertragen werden.

WEIZENALLERGIE

Bei einer Weizenallergie zeigen sich sofort nach dem Verzehr die typischen allergischen Symptome. Viele der Betroffenen vertragen tatsächlich nur Weizen nicht, für sie stellen Dinkel, Grünkern, Einkorn, Kamut und Emmer kein Problem dar. Es muss also häufig nur Weizen gemieden werden. Die Diagnose „Weizenallergie" wird in einem Allergiezentrum gestellt.

> Eine Weizenallergie tritt nur bei ca. 0,1 % der Bevölkerung auf. Im Gegensatz dazu ist eine größere Gruppe von Weizensensitivität betroffen. Achten Sie auf eine exakte Unterscheidung, weil sich Auswirkungen auf Ihre Lebensmittelauswahl ergeben!

GLUTEN-SENSITIVITÄT – EIN WEITES FORSCHUNGSFELD

6 bis 10 % der Bevölkerung reagieren auf Gluten sensitiv, ohne an Zöliakie oder einer Weizenallergie zu leiden. Die Symptome sind ähnlich, aber die Darmzotten werden bei den Betroffenen nicht geschädigt. Eindeutige Forschungsergebnisse zu diesem Krankheitsbild sind erst zu erwarten.

VOM GETREIDE ZUM MEHL

DAS VERMAHLEN ZU MEHL

Reinigen: Es werden alle kornfremden Bestandteile wie Erde, Sand, Stroh, Steinchen oder Unkrautsamen entfernt.

Schälen: Schale, Aleuronschicht und Keimling werden vom Mehlkörper getrennt.

Vermahlen: Zwischen Walzen wird das Korn zerkleinert, wobei die Schale möglichst grobflächig erhalten bleiben soll und der Mehlkörper fein vermahlen wird. Nach jedem Zerkleinerungsvorgang folgt ein Siebvorgang. Die anfallenden Mehle werden je nach Helligkeit und Mehlaschegehalt zu den gesetzlich festgelegten Mehltypen vermischt.

> Getreide wird zu Schrot, Grütze, Grieß, Dunst oder Mehl vermahlen.

Die Palette der Müllereiprodukte umfasst die Untergruppen der Schäl- und Mahlprodukte. Ein Überblick:

Schälprodukt	Verwendung	Beschreibung
Graupen	Beilagen, Suppen ...	geschälte, entkeimte, geschliffene Körner (z. B. Rollgerste)
Flocken	Müsli, Suppen, Mehlspeisen, Desserts ...	gewalzte Körner (z. B. Haferflocken)
Kleie	Müsli, Backwaren ...	zerkleinerte Samenschale (z. B. Weizenkleie)

Mahlprodukt	Verwendung	Beschreibung
Schrot	Brot, Laibchen, Aufstriche ...	grob zerkleinert (mit Randschichten und Keimling)
Grütze	Suppen, Breie ...	grob gemahlen (ohne Randschicht und ohne Keimling)
Grieß	Teigwaren, Beilagen, Suppen ...	grob gemahlen
Dunst	Teigwarenherstellung	im Feinheitsgrad zwischen Grieß und Mehl stehend
Griffiges Mehl	Teige, Backwaren	enthält Dunstanteile und fühlt sich dadurch leicht körnig an
Glattes Mehl	Teige, Backwaren	fühlt sich glatt, fein und weich an

Um bei der Auswahl der Müllereiprodukte sicherzugehen, ist es wichtig, die folgenden Begriffe zu kennen.

Von o. nach u. Mehl, Schrot, Korn

Typenzahl – Ausmahlungsgrad

Die im Handel erhältlichen Mehle werden mit **Typenzahlen** gekennzeichnet. Je höher die Typenzahl, desto höher ist der Nährstoff- und Ballaststoffgehalt.
In Österreich wird **Weizenmehl** in folgenden Typen erzeugt: 480, 700, 1600.
In Deutschland findet man Weizenmehle der Typen 405, 550, 1050 und 1700.
Roggenmehl gibt es in Österreich in den Typen 500, 960, 2500 und in Deutschland in den Typen 815, 997, 1150, 1370 und 1740.

Ein hoher **Ausmahlungsgrad** bedeutet, dass ein hoher Anteil der Schalen mit vermahlen wird, dunkles Mehl entsteht (z. B. Vollkornmehl). Ein niedriger Ausmahlungsgrad besagt, dass das Mehl hauptsächlich aus dem Mehlkörper besteht. Dieses Mehl ist hell (Auszugsmehl).

Vergleich Auszugsmehl und Vollkornmehl

	Weizenvollkornmehl	Weizenmehl Type 480 (Auszugsmehl)
Vitamingehalt	hoch	gering
Mineralstoffgehalt	hoch	gering
Mehlfarbe	bräunlich	hell

Einen Überblick über die Verwendung von Mehlen der verschiedenen Mehltypen finden Sie in der folgenden Tabelle.

Weizenmehltypen	
W 480	griffig, glatt; Feinbackwaren
W 700	Koch- und Backmehl
W 1600	Brotmehl

Roggenmehltypen	
R 500	Auszugsmehl; Lebkuchen, Kleingebäck
R 960	Brotmehl
R 2500	Schwarzbrotmehl

Verschiedene Vollkornmehle und Polenta

LAGERUNG UND HALTBARKEIT

Getreide ist bei trockener und luftiger Lagerung sehr gut haltbar. Am besten eignen sich Papiersäcke. In gut verschlossenen Glas- oder Kunststoffbehältern ist das Getreide mottensicher. Es soll dann allerdings nur kurzfristig darin gelagert werden. Vollkornmehle enthalten auch den Keimling mit seinen qualitativ hochwertigen Fettsäuren. Aus diesem Grund sind Vollkornmehle am besten kühl zu lagern und innerhalb einiger Wochen aufzubrauchen. Auszugsmehle sind bei richtiger Lagerung (trocken, luftig, mottensicher) mehrere Monate haltbar.

KEIME

Keime aus Getreide und anderen Samen sind sehr reich an **Vitaminen** und **Mineralstoffen**. Diese wenige Tage alten Jungpflanzen tragen vor allem zur Deckung des Bedarfes an **Magnesium** und **Eisen** bei. Durch ihren Ballaststoffanteil haben Keime eine leicht verdauungsfördernde Wirkung.

Um die Keimung in Gang zu bringen, brauchen die Getreidekörner Wasser, Wärme und Licht. Im Zuge der Keimung wird eine ganze Reihe von chemischen Prozessen ausgelöst, die die im Korn enthaltenen Nährstoffe leichter verfügbar machen. Während

des Keimens steigt der Vitamingehalt sehr rasch an. Je länger die Körner keimen, desto mehr Vitamine bilden sich.

Verwenden Sie Körner aus biologischer Produktion, Körner aus konventionellem Anbau können chemisch behandelt sein und Reste von Pflanzenschutzmitteln beinhalten. Weizen, Roggen, Gerste, Hafer, Dinkel, Mais und Buchweizen eignen sich gut zum Keimen.

Getreidekeimlinge

KEIMGEFÄSSE

Keimgefäße müssen grundsätzlich leicht zu handhaben und zu reinigen sein. Sie haben beim Keimen die Wahl zwischen Keimapparat, Keimglas oder Vorratsglas. Nicht zu empfehlen ist das Keimen mit Hilfe von Watte oder Vlies, da sich dort bei mangelnder Luftzirkulation leicht unerwünschte Mikroorganismen ansiedeln.

Keimapparat: Im Handel werden sehr unterschiedliche Ausführungen angeboten, meist sind es flache Schalen mit Gitter oder Rillen. Zu beachten ist, dass sie einfach zu reinigen und zu handhaben sind. Manche Modelle lassen sich sogar stapeln, so dass auf sehr wenig Platz viele verschiedene Sprossen gleichzeitig gezogen werden können. Zu kaufen gibt es diese Keimapparate in Reformhäusern und Naturkostläden, die Preise sind je nach Ausführung und Größe sehr unterschiedlich.

Keimglas: Dies sind einfache Schraubgläser, statt dem Deckel ist ein Kunststoff- oder Metallgitter aufgeschraubt. Zum täglichen Spülen kann die Abdeckung am Glas bleiben. Das Keimglas stellt eine sehr günstige Variante dar, besonders dann, wenn Sie nicht regelmäßig Keime benötigen.

Vorratsglas: Dieses wird mit luftdurchlässigem Material (Kunststoffgaze oder Stoff) verschlossen, mit einem Gummiring fixiert und mit der Öffnung nach unten schräg aufgestellt. Diese Methode ist vor allem zum Einstieg zu empfehlen.

VORGEHENSWEISE

Es ist empfehlenswert, sich an folgende Vorgehensweise zu halten:

- Körner in einem Sieb abspülen.
- Körner einweichen: je nach Getreideart einige Stunden bzw. über Nacht.
- Nach dem Abgießen müssen die nicht gequollenen Körner entfernt werden.
- Die gequollenen Körner mit lauwarmem Wasser abspülen und in das Keimgefäß geben.
- Anschließend an einen hellen Ort stellen, direkte Sonnenbestrahlung dabei vermeiden.
- Die geeignete Keimtemperatur liegt bei 20 bis 22 °C. Ist es zu kalt, wird die Keimung gebremst, ist es wärmer, erhöht sich die Gefahr von Schimmelbildung.

Die Körner abspülen, quellen lassen, ins saubere Keimglas geben. Regelmäßig spülen und nach ein paar Tagen genießen.

Ein Keimgerät zum gleichzeitigen Keimen verschiedener Körner

- Entsteht im Keimgerät Schimmel, dann dürfen diese Keime nicht verzehrt werden.
- Zweimal täglich spülen, damit das Keimgut gleichmäßig feucht bleibt.
- Nach etwa drei bis vier Tagen können die Keime von Getreide verwendet werden.

Genaue Angaben über Einweichzeit, Keimdauer, Spülhäufigkeit sowie die Keimlänge zur Erntezeit finden sich meist auf der Verpackung der Samen bzw. in den Gebrauchsanleitungen der Keimgeräte. Wie lange Keime wachsen sollen, hängt auch vom persönlichen Geschmack ab.

Zu beachten:
- Das Keimgerät nicht zu dicht mit Saat füllen, damit die Keime genügend Platz zur Entwicklung haben und die Luft zirkulieren kann.
- Um Schimmelbildung zu vermeiden, ist Sauberkeit im Umgang mit Saatgut und Keimgeräten notwendig.
- Nach Gebrauch muss das Keimgerät gründlich gereinigt werden (Geschirrspüler).
- Nur gesundes, einwandfreies Saatgut verwenden!

UMGANG MIT FERTIGEN KEIMEN

Keime, die die gewünschte Größe erreicht haben, isst man am besten sofort. Man kann sie aber auch gut verschlossen ein bis zwei Tage im Kühlschrank lagern, da die Kälte ihre weitere Entwicklung bremst. Vor dem Verzehr sollte man die Keime gründlich unter fließendem Wasser abspülen oder in kochendem Wasser kurz blanchieren, um den Bakteriengehalt zu verringern.

Verwendung von Keimen

Die Keime können in Salate, Gemüsegerichte, Müsli und Suppen gemischt werden. Angekeimte Körner (ca. zwei Tage) können unzerkleinert in den fertigen Brotteig geknetet werden.

Geschmack von Keimen

Ein Keimturm zum Keimen von Körnern

Weizen-, Gersten-, Hafer-, Dinkel- und Hirsekeime haben einen milden, süßlichen Geschmack.

BROT BACKEN

U nser Buch beinhaltet verschiedenste Rezepte für Brot und Gebäck, die in jedem Haushaltsbackrohr gelingen. Sie können sie natürlich auch in einem Brotbackofen backen. Wenn Sie **Sauerteig** für ein Rezept benötigen, haben Sie folgende Möglichkeiten:

SAUERTEIG

Selbst herstellen: 100 g Roggenmehl, 25 g Roggenvollmehl und 125 ml Wasser vermengen, abdecken (nicht verschließen) und bei Zimmertemperatur stehen lassen. Am zweiten, dritten und vierten Tag jeweils 125 g Roggenmehl und 125 ml Wasser untermischen. Am fünften Tag sollte der Sauerteig Bläschen gebildet

haben und leicht sauer riechen, er ist somit gebrauchsfertig. Diese Menge reicht für 1–2 kg Mehl, je nachdem, wie hoch der Roggenanteil ist.

- **Sauerteig vom letzten Brotbacken:** etwas Brotteig zur Seite geben, kühlen oder tiefkühlen.
- **Handelsprodukt:** Hier werden verschiedene Formen angeboten (flüssig und trocken). Die Zubereitung erfolgt laut Packungsanleitung.

Mengenanpassung bei Verwendung von selbst hergestelltem Sauerteig statt Trockensauerteig:

- Frischer Sauerteig besteht je zur Hälfte aus Mehl und Wasser.
- Für Roggenbrot verwendet man je kg Roggenmehl zwischen 500 g und 1000 g frischen Sauerteig (je nach Versäuerungsgrad).
- Die Mehl- und Wassermengen im Rezept bei der Verwendung von frischem Sauerteig reduzieren.

TIPPS ZUM BROTBACKEN

- Für das Gelingen des Brotes ist die Qualität des Mehles mitentscheidend, daher nur gute Qualitätsmehle verwenden.
- Der Raum, in dem das Brot zubereitet wird, sollte stets gleichmäßig warm sein.
- Alle Zutaten für den Brotteig sollten Zimmertemperatur haben.
- Die Flüssigkeitsangaben sind stets Zirka-Maße, daher die Flüssigkeit immer nach Bedarf nach und nach zugeben.
- Die Flüssigkeit darf immer nur lauwarm zum Teig gegeben werden, da bei zu hohen Temperaturen (ab 40 °C) die Gärungsbakterien abgetötet werden.

Brotbacken im Holzbackofen

- Brotteige vertragen keine Zugluft – zum Gehen an einen warmen Ort stellen und abdecken (es bildet sich dadurch keine trockene Haut).
- Die Gewürze entfalten ihr Aroma am besten, wenn sie frisch gemahlen sind. Die Angaben in unseren Rezepten beziehen sich immer auf gemahlene Gewürze.
- Brotteig zuerst kneten, bis die Festigkeit stimmt, und erst danach verschiedene Früchte, Körner oder andere Geschmackszutaten beigeben.
- Brot geht durch Wasserdampf gut auf und wird locker. Sie können das Brot während des Backvorganges ab und zu mit Wasser besprühen. Eine andere Möglichkeit ist, eine feuerfeste Schüssel während des Vorheizens in das Backrohr zu stellen. Kommt das Brot in das Backrohr, wird parallel dazu die Schüssel mit Eiswürfeln gefüllt. Haushaltsbackrohre und spezielle Brotbacköfen besitzen häufig eine Funktion zum Bedampfen des Gargutes.
- Hohe Anfangstemperaturen sind wichtig, um eine dünne, knusprige Rinde und saftiges Brot zu erhalten.
- Klopfprobe: Fertig gebackenes Brot klingt an der Unterseite hohl, wenn man mit dem Finger darauf klopft. Bei dumpfem Klang muss das Brot noch länger gebacken werden.
- Die Aufbewahrung von Brot und Gebäck sollte in luftigen Behältern bei Zimmertemperatur erfolgen (Brotdose, Stoffsäcke aus Leinen). Bei längerem Aufbewahren ist Einfrieren sinnvoll.
- Teigmenge für Kleingebäck: ca. 50 g Teig pro Stück.

BROTGEWÜRZ

Die Rezepte für Brot und Gebäck enthalten häufig Brotgewürz. Dieses können Sie z. B. nach folgendem Rezeptvorschlag selbst herstellen.

Für das Brotgewürz mahlen Sie folgende getrocknete Gewürze in einer Kaffee- oder Gewürzmühle:
- 30 g Anis
- 30 g Fenchel
- 30 g Koriander
- 30 g Kümmel

Die gemahlene Mischung lässt sich gut verschlossen ca. zwei Monate aufbewahren.

UNSER ABC ZUM BUCH

Abtrieb: Einen Abtrieb stellen Sie her, indem Sie in die flaumig gerührte Butter Staubzucker und nach und nach Dotter oder Eier einrühren.

Backen: Die in den Rezepten angegebenen Temperaturen und Backzeiten beziehen sich auf Ober- und Unterhitze. Möchten Sie mit Heißluft backen, reduzieren Sie die Temperatur um 20 °C.

Blanchieren: Bringen Sie viel Wasser zum Kochen und geben Sie das Gemüse oder das Obst hinein. Achten Sie dabei darauf, dass das Wasser so rasch wie möglich wieder kocht! Nach kurzem Aufkochen gießen Sie das Blanchiergut in ein Sieb ab und schrecken es anschließend kurz unter fließendem kaltem Wasser ab bzw. geben es in eine Schüssel mit Eiswasser.

Dämpfen: Garen von Lebensmitteln in Wasserdampf.

Dampfl: Das Dampfl ist ein Vorteig für Germ- oder Brotteige, um eine bessere Treibwirkung zu erreichen. Es wird aus Germ, einer kleinen Menge Mehl, etwas lauwarmer Flüssigkeit und einer Prise Zucker hergestellt. So lange an einem warmen Ort stehen lassen, bis das Dampfl sein Volumen verdoppelt hat.

Eidotter: Eigelb.

Eiklar: Eiweiß.

Einkornreis: Wird durch schonendes Schleifen und Polieren von Einkorn hergestellt. Ein Teil der Getreidehülle wird entfernt, um den Kochvorgang abzukürzen.

Emmer: Uralte Weizenform.

Estragon: Das pfeffrig schmeckende Gewürzkraut passt zu Gemüse- und Getreidegerichten.

Faschiertes: Österreichische Bezeichnung für Hackfleisch.

Germ: Österreichische Bezeichnung für Hefe. Für die Rezepte können Sie frische oder getrocknete Hefe verwenden, wenn nicht ausdrücklich vermerkt ist, welche Sie verwenden sollen. Die in den Rezepten angegebene Menge bezieht sich auf Frischhefe.

Hafermark: Bezeichnung für besonders kleine Haferflocken.

Inulin: Wichtiger Vertreter präbiotischer Ballaststoffe.

Julienne: Gemüse wird in 1–2 mm dicke und 3–4 cm lange Streifen geschnitten.

Karfiol: Österreichische Bezeichnung für Blumenkohl.

Karotte: Österreichische Bezeichnung für Möhre.

Knödel: Österreichische Bezeichnung für Klöße.

Köcheln: Das Gargut in leicht wallender Flüssigkeit garen.

Körner kochen: Die Körner waschen und mit der entsprechenden Flüssigkeitsmenge zugedeckt bei schwacher Hitze kochen und anschließend quellen lassen.

Kren: In Süddeutschland und Österreich übliche Bezeichnung für Meerrettich.

Laibchen: Österreichische Bezeichnung für Puffer.

Liebstöckel: Riecht stark aromatisch und wird auch Maggikraut genannt.

Marille: In Süddeutschland und Österreich übliche Bezeichnung für Aprikose.

Marmelade: In Österreich werden alle Fruchtaufstriche als Marmelade bezeichnet, auch wenn sie nicht – wie die Definition von Marmelade es verlangt – aus Zitrusfrüchten bestehen. Die Bezeichnung Konfitüre ist eher unüblich.

Melanzani: Werden auch Auberginen oder Eierfrüchte genannt. Die Früchte sind violett oder grünlich gefärbt und enthalten einen natürlichen Giftstoff, der durch Erhitzen zerstört wird.

Msp.: Abkürzung für Messerspitze. Die Menge passt gerade auf eine Messerspitze und entspricht etwa 3–4 Prisen eines Gewürzes.

Most: Vergorener Apfel- oder Birnensaft.

Natron: Backtriebmittel.

Grundrezept: Gemüsesuppe

ZUTATEN FÜR 1 L SUPPE

400 g Suppengemüse (Porree, Sellerie, Karotten, Petersilienwurzel, Pastinak)

½ TL Pfefferkörner • 1 Lorbeerblatt

3 Körner Piment • ½ Bund Petersilie

2 Stängel Selleriegrün • 2 Stängel Liebstöckel

1,5 l Wasser

1. Das Suppengemüse waschen, putzen und in grobe Würfel schneiden.
2. Das Gemüse, die Gewürze, die Kräuter und das Wasser in einen Topf geben und ca. 1 Stunde köcheln lassen, anschließend abseihen.

Nockerln: Österreichische Bezeichnung für kleinere, länglich geformte Klößchen. Manchmal werden auch Spätzle als Nockerln bezeichnet.

Obers, Schlagobers: Österreichische Bezeichnung für süße Sahne.

Oregano: Wird auch wilder Majoran genannt und hat einen feinen, majoranähnlichen Duft.

Palatschinken: Österreichische Bezeichnung für Pfannkuchen.

Piment: Wird auch als Neugewürz bezeichnet und schmeckt wie eine Mischung aus Zimt, Nelken, Muskatnuss und Pfeffer.

Polenta: Bezeichnung für eine italienische Speise aus Maisgrieß. In den Rezepten wird der Begriff als Synonym für Maisgrieß verwendet.

Porree: Österreichische Bezeichnung für Lauch.

Pseudozerealien: Sie gehören botanisch nicht zum Getreide, sind in ihrer Zusammensetzung aber dem Getreide sehr ähnlich und lassen sich auch so verarbeiten und verwenden. Zu den Pseudozerealien zählen: Amarant, Quinoa und Buchweizen.

Quellen von Getreide: Getreide nach dem Kochen zum Ausquellen auf der ausgeschalteten Herdplatte

zugedeckt stehen lassen. Ganze Körner eventuell vor dem Kochen schon ins Wasser geben und im Kühlschrank quellen lassen. Dadurch verkürzt sich die anschließende Garzeit.

Reduzieren: Das intensive Kochen einer Flüssigkeit über einen längeren Zeitraum, um diese mengenmäßig zu verringern. Dadurch wird der Geschmack konzentriert.

Ribisel: Österreichische Bezeichnung für Johannisbeeren.

Rollgerste: Geschliffene Gerste, sie wird vor allem für Suppen und Eintöpfe verwendet.

Salzwasser: 1 TL Salz in 1 l Wasser geben und dieses aufkochen lassen. Das Wasser sollte leicht salzig schmecken.

Sauerrahm: Saure Sahne

Sautieren: Zerkleinerte Lebensmittel in einer Pfanne kurz anbraten oder schwenkend rösten.

Semmelbrösel: In Österreich gebräuchliche Bezeichnung für Paniermehl.

Stauben: Zum Binden eines Saucengerichtes wird das Mehl mittels eines Siebes zur Speise gegeben. Unter Rühren mit Flüssigkeit aufgießen und kurz verkochen lassen.

Topfen: Österreichische Bezeichnung für Quark.

Untergießen: Wenig Flüssigkeit zum Gargut leeren.

Vanillezucker/Vanillinzucker: Vanillezucker ist eine Mischung aus fein verriebenem Zucker und echter Vanille, Vanillinzucker besteht aus Zucker und künstlichem Vanillinaroma.

Weckerln: Österreichische Bezeichnung für meist rund oder länglich geformte Gebäckstücke.

Wirken: Einen festen Teig (z. B. Brotteig) durchkneten und formen.

Wirsing: Gehört zum Kohlgemüse.

Xanthophyll: Gehört zu den sekundären Pflanzenstoffen.

Ysop: Dieses Gewürz hat einen leicht bitteren Geschmack und muss daher vorsichtig dosiert werden.

Zartweizen: Der Weizen ist vorgegart und geschält, dadurch wird die Garzeit verkürzt.

Zerealien (Cerealien): Andere Bezeichnung für Getreide.

REZEPTTEIL

ALLGEMEINES ZU DEN REZEPTEN

Bei Rezepten mit nicht gemahlenem **Dinkel, Einkorn, Kamut oder Weizen** können Sie **variieren** und nach Wunsch Körner einer anderen Sorte verwenden. Vergessen Sie nicht, dass Geschmäcker unterschiedlich sind. So können Sie die Rezeptangaben, die natürlich in einem gewissen Rahmen notwendig sind, ganz nach Ihrem eigenen Geschmack abwandeln! Sie können sowohl die Mengen als auch die Zutaten variieren. Ihrer Phantasie sind keine Grenzen gesetzt!

> Getreide können Sie in vielen Bioläden und Reformhäusern schroten oder mahlen lassen.

Finden Sie in der Zutatenliste als Mengenangaben **EL** (= Esslöffel) und **TL** (= Teelöffel), so beachten Sie bitte, dass immer von einem gestrichenen Esslöffel bzw. Teelöffel auszugehen ist.

Ist in einem Rezept Weizenmehl angeführt, so handelt es sich um glattes Weizenmehl der Type 480, ist Zucker angegeben, ist stets Kristallzucker gemeint.
Bei Massen bis zu 500 g Mehl können Handrührgeräte verwendet werden. Bei größeren Massen und Teigen ist eine Küchenmaschine zu empfehlen.

Zum Vorbereiten von Backformen oder Backblechen haben Sie folgende Möglichkeiten:
- Backformen mit zerlassenem Fett ausstreichen und mit Mehl oder Semmelbröseln ausstreuen.
- Backbleche und glatte Formen können auch mit Backpapier ausgelegt werden.

Kulinarisch harmoniert Getreide sehr gut mit **Obst und Gemüse**. Idealerweise verwenden Sie dieses frisch geerntet. Einen empfehlenswerten Ersatz stellen Tiefkühlprodukte dar. Studien belegen, dass die ernährungsphysiologische Qualität von tiefgekühltem Obst und Gemüse als sehr hoch einzustufen ist. Sogenanntes „Frischgemüse" hat oft sehr lange Lagerzeiten und Transportwege hinter sich, die den Nährstoffgehalt stark beeinträchtigen können.

Laibchen formt man am besten mit nassen Händen und legt sie nach dem Braten auf Küchenpapier, damit das überschüssige Fett aufgesaugt wird.

Benötigen Sie für ein Rezept **Zitronen- oder Orangenschale**, verwenden Sie bitte nur unbehandelte Früchte.

Spülen Sie Hirse vor dem Kochen immer heiß ab, um anhaftende, bitter schmeckende Stoffe zu entfernen.

Die Herstellung von **Spätzle bzw. Nockerln** kann auf verschiedene Arten erfolgen:
- Spätzle mit einem Spätzlehobel oder einem Spätzlesieb in das kochende Salzwasser portionieren und kurz kochen lassen. Anschließend abseihen, abschrecken und weiterverarbeiten.
- Für Nockerln den Teig auf ein feuchtes Brett geben, mit dem Messerrücken Nockerln in das kochende Salzwasser schneiden und 5–10 Minuten kochen lassen. Ebenfalls abseihen, abschrecken und weiterverarbeiten.

Die Mengenangaben für Kräuter beziehen sich immer auf frische Kräuter, es sei denn, im Rezept wird extra auf eine andere Form hingewiesen. 1 Bund Petersilie wiegt ca. 60 g inklusive Stängel und 1 Bund Schnittlauch wiegt ca. 35 g. Wollen Sie die frischen Kräuter durch getrocknete ersetzen, reduzieren Sie bitte die Menge.

In vielen Rezepten wird **Kräutersalz** verwendet. Sie können dieses auch selbst zubereiten, hier ein Rezeptvorschlag:
- 500 g Speisesalz
- je 10 g getrocknete Kräuter (Basilikum, Dill, Petersilie, Oregano und Thymian)

Die Kräuter sehr fein zerreiben und mit dem Salz vermengen. Das Kräutersalz in gut verschließbaren Gläsern trocken aufbewahren.
Natürlich kann man auf diese Weise Kräutersalz ganz nach eigenem Geschmack herstellen.

REZEPT-VERZEICHNIS

Sämtliche Rezepte sind **für vier Personen** kalkuliert. Wir haben die Rezepte für Sie nach den Getreidearten bzw. Pseudozerealien und deren Produkten geordnet:

AMARANT

Amarant hat eine günstige Eiweißzusammensetzung mit einem hohen Gehalt an Lysin und
Methionin. Diese beiden Aminosäuren sind bei
Getreide nur in sehr geringer Menge enthalten.
Für Vegetarier ist Amarant deshalb eine gute
Eiweißquelle. Die winzigen Samen enthalten
reichlich Kalzium, Eisen und Zink sowie mit
7 % relativ viel Fett, was die weitere Verarbeitung (Vermahlung) erschwert und die Lagerungs-
dauer begrenzt.

Die Verwendungsmöglichkeiten von Amarant sind vielfältig. Die Amarantsamen können
durch intensive, kurze trockene Hitze (ohne
Fettzugabe) gepoppt werden. Gepoppter
Amarant weist ein angenehm nussiges Aroma
auf und kann entweder direkt verzehrt oder aber
auch als Zutat für verschiedene Rezepte eingesetzt werden.

Amarantkörner lassen sich für Suppen, Aufläufe und Süßspeisen verwenden.
Werden die Körner im Ganzen verwendet, sollen sie in einem feinmaschigen Sieb kalt abgespült werden. Den Amarant in doppelter bis dreifacher Menge Flüssigkeit ca.
30 Minuten garen.

Die Herstellung von Vollkornmehl erfolgt entweder
aus den unbehandelten oder gepoppten Körnern.
Amarantmehl eignet sich nur begrenzt zum Backen, weil das
nötige Klebereiweiß nicht enthalten ist. Eine Beimischung
von Amarant zu herkömmlichen Brotmehlen bis zu 20 % der
Mehlmenge ist jedoch ohne Volumenverlust möglich; das
Beimischen von Amarant erhöht die ernährungsphysiologische Qualität.

Amarantbrot
mit Dinkel

ZUTATEN FÜR 2 KASTENFORMEN
(LÄNGE: CA. 25 CM)

300 g Amarant
42 g Germ
15 g Sauerteig (trocken)
ca. 600 ml Wasser
(davon 200 ml für die Germ)
550 g Dinkelmehl
150 g Roggenmehl
20 g Salz

1 TL Amarant zum Bestreuen

1. Den Amarant fein mahlen, die Germ in 200 ml lauwarmem Wasser
   auflösen, dann mit den restlichen Zutaten zu einem mittelfesten
   Teig kneten und ca. 30 Minuten an einem warmen Ort rasten lassen, bis der Teig das doppelte Volumen hat.
2. Den Teig halbieren, jede Hälfte in eine befettete Kastenform geben, mit lauwarmem Wasser bestreichen, mit den Amarantkörnern
   bestreuen und ca. 30 Minuten gehen lassen.
3. Das Brot im vorgeheizten Backofen bei 240 °C zunächst 5 Minuten
   backen, anschließend die Hitze auf 190 °C reduzieren und noch
   ca. 55 Minuten fertig backen.

Amarantlaibchen

ZUTATEN FÜR 4 PORTIONEN

120 g Amarant

260 ml Gemüsesuppe

1 kleine Zwiebel

2 Knoblauchzehen

100 g Hartkäse (z. B. Emmentaler)

120 g Schinken

1 Zweig Majoran

100 g Zuckermais

1 Ei

Salz und Pfeffer

50 g Maisstärke

Semmelbrösel (evtl. glutenfrei)
zum Wenden

Rapsöl zum Braten

1. Den Amarant in einem engmaschigen Sieb unter fließendem, kaltem Wasser gut abspülen, die Gemüsesuppe aufkochen, den Amarant unter Rühren hinzufügen und ca. 30 Minuten weich dünsten, anschließend auskühlen lassen.
2. Die Zwiebel und den Knoblauch schälen und fein hacken, den Käse fein reiben, den Schinken in feine Streifen schneiden, den Majoran waschen und fein hacken.
3. Den ausgekühlten Amarant mit der Zwiebel, dem Knoblauch, dem Käse, dem Schinken, dem Zuckermais, dem Majoran und dem Ei verrühren, mit Salz und Pfeffer würzen und die Masse mit der Maisstärke festigen (binden).
4. Aus der Masse Laibchen formen, diese in Semmelbröseln wenden und beidseitig in Rapsöl knusprig braten.

UNSER SPEZIELLER TIPP

Wenn Sie glutenfreie Semmelbrösel verwenden, können auch Zöliakie-Betroffene diese Laibchen genießen! Zu den Amarantlaibchen schmeckt eine Kräuterrahmsauce sehr gut.

Überbackene Schweinsmedaillons

auf Basilikumamarant mit Tomaten-Paprika-Ratatouille

ZUTATEN FÜR 4 PORTIONEN

8 Schweinsmedaillons

Salz und Pfeffer

50 ml Obers • 250 ml Gemüsesuppe

1–2 TL Maisstärke

2 EL Wasser

1 EL Tomatenmark • 250 g Tomaten

2 Knoblauchzehen • Oregano

2 EL Semmelbrösel • 2 EL Rapsöl

Basilikumamarant

250 g Amarant

Salz • 3 EL Basilikum, gehackt

Ratatouille

4 mittelgroße Tomaten

je 1 gelbe, grüne und rote Paprikaschote

Basilikum, Thymian

1 Zwiebel • 2 EL Rapsöl

1 Knoblauchzehe

100 ml Gemüsesuppe

Salz und Pfeffer

1. Die Medaillons salzen und pfeffern, in eine befettete Auflaufform geben.
2. Obers und Gemüsesuppe in einem Topf erhitzen, die Maisstärke in 2 EL Wasser auflösen und die Suppe damit binden.
3. Das Tomatenmark und die in Würfel geschnittenen Tomaten hinzufügen, mit fein gehacktem Knoblauch und Oregano würzen.
4. Die Sauce kurz aufkochen lassen, dann vom Herd nehmen, abschmecken und gleichmäßig über die Medaillons verteilen.
5. Die Semmelbrösel mit Öl mischen und die Medaillons damit bestreuen, im Backofen bei 200 °C ca. 20 Minuten überbacken.
6. Den Amarant in 750 ml Salzwasser 20 Minuten kochen und danach weitere 20 Minuten ziehen lassen, das Basilikum untermengen.
7. Für die Ratatouille die Tomaten waschen, ev. enthäuten und die Paprikaschoten waschen und entkernen, die Kräuter waschen und fein hacken. Das vorbereitete Gemüse und die geschälte Zwiebel würfelig schneiden und in Öl anrösten, den fein gehackten Knoblauch hinzufügen, mit Gemüsesuppe aufgießen und das Gemüse darin dünsten, mit Salz und Pfeffer abschmecken.
8. Den fertigen Basilikumamarant auf Tellern portionieren, jeweils 2 Medaillons und die Ratatouille dazu anrichten.

Jourgebäck mit Amarant

ZUTATEN FÜR CA. 20 STÜCK

180 g Amarant
300 g Dinkelmehl
25 g Germ
ca. 350 ml lauwarmes Wasser
10 g Salz
1 EL Rapsöl

Mohn, Sesam, Leinsamen etc.
zum Bestreuen

1. Den Amarant fein mahlen und mit dem Dinkelmehl vermischen, das Mehlgemisch in eine Schüssel geben, in der Mitte ein Grübchen formen, die Germ hineinbröseln, mit 3 EL lauwarmem Wasser und etwas Mehl verrühren, zugedeckt an einem warmen Ort stehen lassen, bis sich das Volumen der aufgelösten Germ verdoppelt hat.
2. Danach alle Zutaten zu einem mittelfesten Teig verkneten und ca. 30 Minuten an einem warmen Ort gehen lassen, bis sich das Volumen des Teiges verdoppelt hat.
3. Den Teig in ca. 40 g schwere Stücke teilen, nach Belieben formen und auf mit Backpapier belegte Backbleche geben.
4. Das Gebäck mit Wasser bestreichen und mit Mohn, Sesam oder Leinsamen bestreuen.
5. Nochmals ca. 20 Minuten rasten lassen und im vorgeheizten Backofen bei 220 °C 5 Minuten backen, die Hitze auf 200 °C reduzieren und noch etwa 15 Minuten fertig backen.

Amarantcreme
mit Erdbeerragout

ZUTATEN FÜR 4 PORTIONEN

50 g Amarantpops (gepuffter Amarant)

250 g Topfen

1 EL Kokosflocken

50 g Honig

Vanillezucker

Zimt

1 großer Apfel

Saft von ½ Zitrone

100 ml Obers

Erdbeerragout

ca. 300 g Erdbeeren

1 EL Zitronensaft

Zucker zum Süßen nach Bedarf

1. Die Amarantpops, den Topfen, die Kokosflocken, den Honig, etwas Vanillezucker sowie Zimt und den fein geriebenen Apfel (je nach Wunsch mit oder ohne Schale) verrühren, Zitronensaft hinzufügen.

2. Die Masse etwa 30 Minuten ziehen lassen, in der Zwischenzeit das Obers steif schlagen.

3. Für das Ragout die Erdbeeren putzen, dann entweder fein würfelig schneiden oder pürieren, mit Zitronensaft vermengen und nach Bedarf mit Zucker süßen.

4. Das geschlagene Obers unter die Masse heben, die fertige Creme auf Tellern oder in Schüsseln anrichten und mit Erdbeerragout (bzw. Erdbeerpüree) garnieren.

Amarant-Dinkel-Teekuchen

ZUTATEN FÜR 1 KASTENFORM (CA. 15 STÜCK)

50 g Hasel- oder Walnüsse

50 g Schokolade

1 Zitrone (unbehandelt)

4 Eiklar

120 g Butter

140 g Staubzucker

4 Eidotter

50 g kandierte Früchte oder Rosinen

140 g Dinkelvollkornmehl

1 TL Backpulver

60 g Amarantpops (gepuffter Amarant)

UNSER SPEZIELLER TIPP

Gepuffter Amarant wird häufig als Zutat für Müsli verwendet und findet sich in manchen Geschäften nicht beim Getreide, sondern bei den Frühstückszerealien.

1. Die Nüsse und die Schokolade fein hacken, die Zitrone waschen, abreiben und auspressen, Eiklar zu steifem Schnee schlagen.
2. Die Butter flaumig rühren und mit dem Staubzucker und den Eidottern schaumig rühren.
3. Die kandierten Früchte mit 1 EL des Mehles vermischen und mit der Schokolade, den Nüssen, dem Zitronensaft und der Zitronenschale einrühren.
4. Das restliche Mehl mit dem Backpulver und dem gepufften Amarant vermischen.
5. Die Mehlmischung und den Eischnee vorsichtig unter die Dottermasse heben, den Teig in eine befettete und bemehlte Kastenform füllen und im vorgeheizten Backofen bei 170 °C etwa 40 Minuten backen.

UNSER SPEZIELLER TIPP

Statt Zitronensaft kann auch Orangensaft, Rum oder Nusslikör verwendet werden.

BUCHWEIZEN

Buchweizen war das Grundnahrungsmittel der Mongolen (daher Heidenkorn). Ernährungsphysiologisch betrachtet ist neben dem Reichtum an Spurenelementen besonders die hohe Wertigkeit des Eiweißes zu erwähnen. Sie liegt sogar über der von Fleisch, denn Buchweizen hat eine sehr ausgewogene Zusammensetzung an essenziellen Aminosäuren. Der Gehalt an Rutin, einem sekundären Pflanzenstoff aus der Gruppe der Polyphenole, die als Antikarzinogene und Antioxidantien eine wichtige Rolle im Stoffwechsel zu spielen scheinen, ist noch nicht gänzlich erforscht.

Im Handel wird Buchweizen als geschältes ganzes Korn, in Form von Grütze, Flocken oder Mehl angeboten. Buchweizen verleiht den Gerichten einen angenehmen, leicht bitteren Geschmack. Werden die Körner im Ganzen verwendet, sollen sie vor dem Kochen in einem Sieb unter fließendem, kaltem Wasser abgespült und in der doppelten Flüssigkeitsmenge ca. 20 Minuten gekocht werden.

Verwenden lässt sich Buchweizen im Ganzen als Grütze (wie in Osteuropa noch heute üblich) oder als Zutat für Laibchen. Buchweizenmehl (bis maximal zur Hälfte mit Weizenmehl gemischt) kann zum Brotbacken oder für Kuchen und Torten verwendet werden, weiters kann man Palatschinken, Waffeln oder Teigwaren daraus herstellen.

Buchweizenauflauf

ZUTATEN FÜR 4 PORTIONEN

200 g Buchweizen
400 ml Gemüsesuppe
½ Bund Petersilie
1 große Karotte
1 große Zwiebel
1 Knoblauchzehe
100 g Champignons
150 g Hartkäse (z. B. Emmentaler)
3 Eiklar
Salz
100 g Butter
3 Eidotter

1. Den Buchweizen in der Gemüsesuppe ca. 20 Minuten kochen, quellen und auskühlen lassen.
2. In der Zwischenzeit die Petersilie waschen und fein hacken, die Karotte waschen und grob reiben.
3. Die Zwiebel und die Knoblauchzehe schälen und fein hacken, die Champignons waschen und klein schneiden.
4. Den Käse fein reiben, das Eiklar salzen und zu steifem Schnee schlagen.
5. Die Butter flaumig rühren, die Dotter einzeln beigeben und schaumig rühren, den Käse, die Petersilie und den ausgekühlten Buchweizen in den Abtrieb einrühren.
6. Den Eischnee und das Gemüse unterheben und in eine befettete Auflaufform füllen, im vorgeheizten Backofen bei 175 °C etwa 45 Minuten backen.

UNSER SPEZIELLER TIPP
Anstatt in einer großen Auflaufform kann der Auflauf auch in Portionsförmchen zubereitet werden, die Backzeit beträgt dann ca. 35 Minuten.

Überbackene Buchweizenpalatschinken

mit Brokkoli

ZUTATEN FÜR 4 PORTIONEN

Palatschinken

120 g Buchweizenmehl
40 g Weizenmehl
½ TL Salz
3 Eier
350 ml Milch
Rapsöl zum Backen

Fülle

1 Zwiebel
2 Knoblauchzehen
700 g Brokkoli
1 TL Rapsöl
ca. 100 ml Gemüsesuppe
Salz und Pfeffer • Muskatnuss
125 g Sauerrahm
250 g Topfen
½ Bund Petersilie

Zum Überbacken

30 g Käse
2 Eier
200 ml Milch • Salz

1. Das Buchweizenmehl, das Weizenmehl und das Salz mit den Eiern verrühren und nach und nach die Milch einrühren, den Teig 30 Minuten quellen lassen (bei Bedarf etwas Wasser zum Teig geben).

2. In einer Pfanne mit wenig Rapsöl dünne Palatschinken backen.

3. Für die Fülle die Zwiebel und die Knoblauchzehen schälen, fein hacken, den Brokkoli waschen und klein schneiden.

4. In einer Pfanne das Rapsöl erhitzen, die Zwiebel und den Knoblauch glasig anschwitzen und den Brokkoli dazugeben, mit der Gemüsesuppe aufgießen und bissfest dünsten, mit Salz, Pfeffer und Muskatnuss abschmecken und etwas überkühlen lassen.

5. In der Zwischenzeit den Sauerrahm und den Topfen glatt rühren, die Petersilie waschen, klein schneiden und untermischen, die Sauerrahm-Topfen-Mischung mit der Brokkolimasse vermengen.

6. Die Palatschinken damit füllen, einrollen und in eine befettete Auflaufform einschichten.

7. Den Käse zum Überbacken reiben, die Eier mit der Milch und etwas Salz versprudeln, die Palatschinken damit übergießen und mit dem Käse bestreuen, im vorgeheizten Backofen bei 180 °C ca. 20 Minuten backen.

Buchweizen-Champignon-Aufstrich

ZUTATEN FÜR CA. 700 G

125 g Buchweizen

300 ml Gemüsesuppe

200 g Champignons

1 Zwiebel

100 g Hüttenkäse

½ TL Kräutersalz

½ Bund Schnittlauch

1. Den Buchweizen in der Gemüsesuppe ca. 10 Minuten kochen, in der Zwischenzeit die Champignons putzen, waschen und fein hacken, die Zwiebel schälen und fein hacken.
2. Die Champignons und die Zwiebel zu den Buchweizenkörnern geben, ca. 10 Minuten fertig garen und auskühlen lassen.
3. Den Hüttenkäse und die ausgekühlte Buchweizenmasse vermischen, mit Kräutersalz würzen und mit fein geschnittenem Schnittlauch bestreuen.

UNSER SPEZIELLER TIPP

Besonders herzhaft schmeckt dieser Aufstrich mit dem „Schnellen Vollkornbrot" von Seite 170.

Buchweizen-Dinkel-Salat
mit Mozzarella

ZUTATEN FÜR 4 PORTIONEN

50 g Buchweizen

50 g Dinkelreis

200 ml Gemüsesuppe

1 mittelgroße Gurke

1 rote Paprikaschote

2 kleine Zwiebeln

100 g Schinken

1 Bund Schnittlauch

150 g Mozzarella

Blattsalate der Saison

Marinade

2 EL Kräuteressig

4 EL Maiskeimöl

Salz und Pfeffer

1. Den Buchweizen und den Dinkelreis getrennt in jeweils 100 ml Gemüsesuppe ca. 20 Minuten kochen, quellen und auskühlen lassen.
2. In der Zwischenzeit die Gurke gründlich waschen, ev. schälen und kleinwürfelig schneiden, die Paprikaschote waschen, putzen und in feine Streifen schneiden, die Zwiebeln schälen und in Ringe schneiden, den Schinken in feine Streifen schneiden.
3. Die ausgekühlten Getreidekörner mit den zerkleinerten Zutaten vermengen, den Schnittlauch waschen und klein schneiden.
4. Aus dem Essig, dem Öl, dem Salz und dem Pfeffer eine Marinade zubereiten und mit der Getreide-Gemüse-Schinken-Mischung vermengen.
5. Den Mozzarella in kleine Würfel schneiden, danach den Getreidesalat mit den gewaschenen, trocken getupften Blattsalaten anrichten und mit dem Mozzarella und dem Schnittlauch bestreuen.

Buchweizenbrot

ZUTATEN FÜR 1 WECKEN

50 g Buchweizen	
100 ml Wasser	
150 g Buchweizenmehl	
350 g Dinkelmehl	
20 g Germ	
250 ml Wasser	
30 g Leinsamen	
30 g Kürbiskerne	
10 g Salz	
30 ml Apfelessig	

UNSER SPEZIELLER TIPP

Statt einen Wecken zu formen, kann man den Teig auch in eine befettete und bemehlte Kastenform füllen.

1. Den Buchweizen mit 100 ml Wasser aufkochen, die Herdplatte ausschalten und den Buchweizen zugedeckt quellen lassen.
2. Das Buchweizenmehl mit dem Dinkelmehl vermischen, in der Mitte ein Grübchen formen, die Germ einbröseln, mit etwa 60 ml lauwarmem Wasser und etwas Mehl verrühren und zugedeckt an einem warmen Ort stehen lassen, bis sich das Volumen der aufgelösten Germ verdoppelt hat.
3. Den gegarten Buchweizen, den Leinsamen, die Kürbiskerne, das Salz, den Essig und das restliche Wasser dazugeben, zu einem geschmeidigen Teig kneten und ca. 30 Minuten an einem warmen Ort gehen lassen, bis sich das Teigvolumen verdoppelt hat.
4. Aus dem Teig einen Wecken formen, diesen auf ein mit Backpapier belegtes Backblech geben, mit Wasser besprühen und im Backofen bei 220 °C ca. 10 Minuten backen, anschließend die Temperatur auf 190 °C reduzieren und ca. 30 Minuten fertig backen.

Überbackene Buchweizennockerln

auf Champignons

ZUTATEN FÜR 4 PORTIONEN

2 große Zwiebeln
200 g Buchweizen
500 ml Gemüsesuppe
½ Bund Petersilie
Kräutersalz
1 TL Currypulver
2 Eier
ev. Semmelbrösel
600 g Champignons
10 g Butter
Kräutersalz und Pfeffer
80 g Schnittkäse (z. B. Gouda)
125 ml Obers
1 Bund Schnittlauch

1. Eine Zwiebel schälen und kleinwürfelig schneiden, den Buchweizen mit den Zwiebelwürfeln in der Gemüsesuppe ca. 20 Minuten kochen, quellen und überkühlen lassen.
2. Die Petersilie waschen und fein hacken, das Kräutersalz, das Currypulver, die gehackte Petersilie und die verquirlten Eier unter die lauwarme Buchweizenmasse rühren (falls die Masse sehr weich sein sollte, etwas Semmelbrösel dazugeben).
3. Die zweite Zwiebel schälen und in Ringe schneiden, die Champignons putzen, waschen und in Scheiben schneiden.
4. Die Zwiebelringe in der erhitzten Butter kurz anschwitzen, die Champignons dazugeben und mit Kräutersalz und Pfeffer abschmecken, diese Masse in eine befettete Auflaufform füllen.
5. Aus der Buchweizenmasse mit zwei Esslöffeln Nockerln formen und auf die Champignonmasse setzen.
6. Den Käse fein reiben, das Obers mit dem Käse verrühren, über den Nockerln verteilen und im vorgeheizten Backofen bei 220 °C ca. 20 Minuten backen.
7. Den Schnittlauch waschen, fein schneiden und die Buchweizennockerln vor dem Servieren damit bestreuen.

Buchweizenwaffeln mit Lachstatar

ZUTATEN FÜR 4–6 PORTIONEN

125 g weiche Butter
1 Prise Salz
3 Eier
125 g Weizenmehl
125 g Buchweizenmehl
1 Packung Backpulver
150 ml Joghurt
125 ml prickelndes Mineralwasser
Rapsöl zum Backen

Tatar

400 g frischer Lachs
2 Schalotten
Saft von 1 Zitrone
1 TL Dijonsenf
Meersalz und Pfeffer aus der Mühle
1 TL Dillspitzen
4 EL Sauerrahm

1. Die Butter flaumig rühren, salzen und die Eier abwechselnd mit dem Weizenmehl unterrühren.
2. Das Buchweizenmehl mit dem Backpulver vermischen, löffelweise abwechselnd mit dem Joghurt und dem Mineralwasser unter die Buttermasse rühren, die Masse 15 Minuten rasten lassen.
3. Für das Tatar den Lachs ohne Haut und Gräten mit einem scharfen Messer ganz klein schneiden, die Schalotten schälen und in kleine Würfel schneiden.
4. Zitronensaft, Senf, Salz und Pfeffer in eine Schüssel geben und mit dem Schneebesen gut verrühren, Lachs, Schalotten und Dillspitzen dazugeben, vermischen, abschmecken und kalt stellen.
5. Das Waffeleisen erhitzen, die Backflächen leicht mit Rapsöl einfetten, eine kleine Teigmenge in die Mitte geben und das Waffeleisen schließen, die Waffel ca. 2 Minuten hellbraun backen, herausnehmen und auf einem Rost warm stellen, so fortfahren, bis der Teig aufgebraucht ist.
6. Das Lachstatar dekorativ mit dem Sauerrahm auf den Waffeln anrichten.

UNSER SPEZIELLER TIPP
Anstelle von Lachs eignen sich auch Forellen oder Saiblinge.

Überbackene Buchweizen-Topfenpalatschinken

ZUTATEN FÜR 4 PORTIONEN

120 g Buchweizenmehl
120 g Dinkelvollkornmehl
2 Eier
500 ml Mineralwasser
½ TL Zucker
½ TL Salz
Rapsöl

Fülle

2 Eiklar
50 g Butter
2 Eidotter
50 g Staubzucker
abgeriebene Schale von ½ Zitrone (unbehandelt)
Vanillezucker
250 g Topfen

Guss

350 ml Milch
2 Eier
60 g Zucker

1. Das Buchweizenmehl, das Dinkelvollkornmehl, die Eier, das Mineralwasser, den Zucker und das Salz zu einem Palatschinkenteig verrühren und 30 Minuten quellen lassen, danach in wenig erhitztem Öl dünne Palatschinken backen.
2. Für die Fülle die Eiklar zu steifem Schnee schlagen, die Butter flaumig rühren, mit den Eidottern, dem Staubzucker, der Zitronenschale und dem Vanillezucker schaumig rühren.
3. Den Topfen untermischen, den Eischnee unter die Topfenmasse heben.
4. Die ausgekühlten Palatschinken mit der Fülle bestreichen, einrollen, halbieren und dachziegelartig in eine befettete Auflaufform legen.
5. Für den Guss die Milch, die Eier und den Zucker verrühren und über die Palatschinken gießen, im vorgeheizten Backofen bei 200 °C ca. 30 Minuten backen.

Heidenkuchen

ZUTATEN FÜR 1 KASTENFORM, LÄNGE 25 CM (CA. 15 STÜCK)

180 g Mandeln
4 Eiklar
140 g Butter
4 Eidotter
200 g Staubzucker
140 g Buchweizenmehl (Heidenmehl)
½ Packung Backpulver

1. Die Mandeln blanchieren, schälen und fein reiben. Die Eiklar zu Schnee schlagen.
2. Die Butter flaumig rühren, mit den Eidottern und dem Staubzucker schaumig rühren und die geriebenen Mandeln einrühren.
3. Das Buchweizenmehl mit dem Backpulver vermischen und abwechselnd mit dem Eischnee unter den Abtrieb heben.
4. Die Kuchenmasse in eine befettete und bemehlte Kastenform füllen und im vorgeheizten Backofen bei 180 °C ca. 50 Minuten backen.
5. Aus dem Ofen nehmen, auskühlen lassen und stürzen, vor dem Portionieren mit Staubzucker bestreuen.

Heidentorte

**ZUTATEN FÜR 1 SPRINGFORM,
DM. 26 CM (12–14 STÜCK)**

50 g Kochschokolade

6 Eiklar

6 Eidotter

140 g Staubzucker

70 g Buchweizenmehl (Heidenmehl)

300 g Ribiselmarmelade zum Füllen
und Bestreichen

Glasur

150 g Kochschokolade

125 ml Obers

1. Die Schokolade fein reiben und die Eiklar zu Schnee schlagen.
2. Die Eidotter mit dem Staubzucker und der Schokolade sehr schaumig rühren, den Eischnee abwechselnd mit dem Buchweizenmehl unter die Dottermasse heben.
3. Die Masse in eine befettete und bemehlte Springform füllen und im vorgeheizten Backofen bei 180 °C ca. 40 Minuten backen.
4. Die Ribiselmarmelade glatt rühren, die Torte aus dem Ofen nehmen, auskühlen lassen, einmal durchschneiden und mit zwei Dritteln der Ribiselmarmelade füllen, mit der restlichen Marmelade die Oberfläche dünn bestreichen.
5. Für die Glasur die Schokolade grob hacken und gemeinsam mit dem Obers schmelzen, die Torte damit glasieren und vor dem Servieren trocknen lassen.

Buchweizenroulade

**ZUTATEN FÜR 1 ROULADE
(CA. 12 STÜCK)**

5 Eiklar
70 g Kristallzucker
5 Eidotter
4 EL Wasser
80 g Staubzucker
½ Packung Vanillezucker
100 g Buchweizenmehl (Heidenmehl)
50 g Walnüsse, fein gerieben
30 g Schokolade, gerieben
1 Msp. Backpulver

200 g Preiselbeermarmelade zum Füllen

1. Die Eiklar zu steifem Schnee schlagen und mit dem Kristallzucker ausschlagen.
2. Die Eidotter mit dem Wasser, dem Staubzucker und dem Vanillezucker sehr schaumig rühren.
3. Das Buchweizenmehl mit den geriebenen Walnüssen, der Schokolade und dem Backpulver vermischen und mit dem Eischnee abwechselnd unter die schaumig gerührte Masse heben.
4. Den Teig auf ein mit Backpapier belegtes Backblech streichen und im vorgeheizten Backofen bei 200 °C ca. 12 Minuten backen.
5. Das fertige Biskuit auf ein bezuckertes Geschirrtuch stürzen, das Backpapier abziehen, das Biskuit rasch mit der Preiselbeermarmelade bestreichen, die Roulade (mithilfe des Geschirrtuchs) sofort einrollen, auskühlen lassen und mit Staubzucker bestreuen.

Buchweizenblini

ZUTATEN FÜR 10–12 STÜCK

Blini

30 g Buchweizenmehl (Heidenmehl)
30 g Dinkelvollkornmehl
10 g Germ
ca. 125 ml Milch
20 g Butter
1 Prise Salz
20 g Staubzucker
40 g Sauerrahm
abgeriebene Schale von ½ Zitrone (unbehandelt)
1 Eidotter
1 Eiklar

Rapsöl zum Backen

Beerenröster

125 ml Wasser
50 g Zucker
15 g Vanillepuddingpulver
250 g Beerenobst (Brombeeren, Ribisel, Heidelbeeren)
1 TL Creme de Cassis (Ribisellikör)

Obers zum Garnieren

1. Das Buchweizenmehl mit dem Dinkelvollkornmehl in einer Schüssel vermischen, in der Mitte ein Grübchen formen, die Germ einbröseln, mit 3 EL lauwarmer Milch (von den 125 ml) und etwas Mehl verrühren und zugedeckt an einem warmen Ort ca. 15 Minuten stehen lassen.
2. Die Butter zerlassen und mit Salz, dem Staubzucker, dem Sauerrahm, der Zitronenschale, dem Eidotter und so viel Milch in die Mehl-Germ-Mischung einrühren, dass ein dünner Palatschinkenteig entsteht, die Masse nochmals ca. 30 Minuten gehen lassen.
3. Das Eiklar zu steifem Schnee schlagen und unter den Teig heben.
4. Das Rapsöl in einer Pfanne erhitzen, mit einem kleinen Schöpfer (oder einem großen Esslöffel) Teighäufchen in die Pfanne geben (es sollten ca. 8 cm große Kreise entstehen). Sobald der Teig an der Oberseite trocken ist, die Blini wenden und die zweite Seite goldbraun backen.
5. Fertige Blini im Backofen bei 100 °C zugedeckt warm stellen.
6. Das Wasser mit dem Zucker und dem Puddingpulver unter Rühren dicklich einkochen.
7. Die Beeren dazugeben, einmal aufkochen lassen und mit Creme de Cassis abschmecken.
8. Den Beerenröster mit den Blini und mit steif geschlagenem Obers servieren.

Buchweizenstriezel mit Nussfülle

ZUTATEN FÜR 1 STRIEZEL (CA. 20 STÜCK)

250 g Buchweizenmehl (Heidenmehl)
180 g Weizen- oder Dinkelmehl
20 g Germ
150 ml Milch
120 g Kristallzucker
1 Prise Salz
80 g weiche Butter
1 Ei
1 Packung Vanillezucker

Fülle

50 g Haselnüsse
50 g Walnüsse
50 g Cashewnüsse
100 g Trockenfrüchte (Marillen, Rosinen, Pflaumen ...)
250 g Kürbis-Apfel-Marmelade
1 EL Rum
1 TL Zimt

Glasur

100 g Staubzucker
1 EL Zitronensaft
heißes Wasser

1. Das Buchweizenmehl mit dem Weizen- oder Dinkelmehl in einer Schüssel vermischen, in der Mitte ein Grübchen formen, die Germ einbröseln, mit 6 EL lauwarmer Milch (von den 150 ml) und etwas Mehl verrühren und zugedeckt an einem warmen Ort ca. 15 Minuten stehen lassen, bis sich das Volumen der aufgelösten Germ verdoppelt hat.

2. Danach mit den restlichen Zutaten zu einem geschmeidigen Teig verkneten und ca. 30 Minuten an einem warmen Ort gehen lassen, bis das Teigvolumen sich verdoppelt hat.

3. Für die Fülle die Nüsse und die Trockenfrüchte grob hacken und mit der Marmelade, dem Rum und dem Zimt vermengen.

4. Den Teig zu einem Rechteck (ca. 30 x 40 cm) ausrollen, die Fülle darauf verstreichen und den Teig sehr eng einrollen.

5. Die Rolle auf das mit Backpapier ausgelegte Backblech legen, der Länge nach durchschneiden und die zwei Hälften miteinander verdrehen (die Schnittflächen sollen nach oben schauen).

6. Den Striezel noch ca. 30 Minuten gehen lassen, dann im vorgeheizten Backofen bei 180 °C ca. 40 Minuten backen.

7. Für die Glasur den Staubzucker fein sieben und mit dem Zitronensaft glatt rühren, bei Bedarf noch einige Tropfen heißes Wasser zufügen, den etwas überkühlten Striezel damit bestreichen.

BULGUR

Bulgur (Weizengrütze) ist im Vorderen Orient ein traditionelles Nahrungsmittel, das wie Reis als Beilage oder mit verschiedenen anderen Zutaten als Salat verzehrt wird.

Bulgur wird hauptsächlich aus Hartweizen hergestellt. Dieser wird vorgekocht, getrocknet und anschließend wird die Kleie abgetrennt. Danach wird das Korn grob oder fein geschnitten. Durch die Vorbehandlung nimmt Bulgur rasch viel Flüssigkeit auf und hat somit eine sehr kurze Garzeit von ca. 5 Minuten. Bulgur danach zugedeckt noch etwa 20 Minuten auf der ausgeschalteten Herdplatte nachquellen lassen. Bulgur benötigt zum Garen die doppelte bis dreifache Menge an Flüssigkeit.

Bulgur-Quinoa-Pastinaken-Laibchen

ZUTATEN FÜR 4 PORTIONEN

400 g Pastinaken

1 Zwiebel

2 Knoblauchzehen

3 EL Olivenöl

70 g Quinoa

70 g Bulgur

400 ml Gemüsesuppe

2 Eier

2 EL Semmelbrösel

2 EL Petersilie, fein geschnitten

Salz und Pfeffer

Kümmel, gemahlen

etwas Currypulver

Rapsöl zum Braten

1. Die Pastinaken waschen, schälen und eine Hälfte davon in dünne Scheiben, die andere Hälfte in kleine Würfel schneiden, die Zwiebel und den Knoblauch schälen und klein schneiden.
2. Das Olivenöl in einer Pfanne erwärmen, die Pastinakenwürfel darin anschwitzen, Zwiebel und Knoblauch dazugeben, umrühren und danach die Quinoa und den Bulgur kurz mitrösten.
3. Mit der Gemüsesuppe aufgießen und 15 Minuten köcheln lassen, danach die Pfanne vom Herd nehmen und vollständig auskühlen lassen.
4. Die Masse in eine Schüssel geben, die Eier, die Semmelbrösel und die Petersilie dazugeben, mit Salz, Pfeffer, Kümmel und Currypulver würzen, gut vermischen und kurz ziehen lassen (sollte die Masse zu weich sein, noch zusätzlich Semmelbrösel untermengen).
5. Aus der Masse 8 Laibchen formen, etwas Öl in einer beschichteten Pfanne erhitzen, die Laibchen einlegen und auf beiden Seiten bei mäßiger Hitze braten.
6. Zum Schluss die in Scheiben geschnittenen Pastinaken in derselben Pfanne knackig braten, leicht mit Salz und Pfeffer würzen und mit den Laibchen anrichten.

UNSER SPEZIELLER TIPP
Dazu passen beliebige Saucen, z. B. ein Sauerrahm-Schnittlauch-Dip.

Bulgursalat

ZUTATEN FÜR 4 PORTIONEN

150 g Bulgur

300 ml Gemüsesuppe

1 kleine Stange Porree

1 Gurke

200 g Tomaten

1 kleine Zwiebel

1 Knoblauchzehe

100 g Schnittkäse (z. B. Edamer)

2 Zitronen

6 EL Olivenöl

einige Blätter frisches Basilikum

½ Bund Petersilie

½ Bund Schnittlauch

Salz und Pfeffer

1. Den Bulgur mit der Gemüsesuppe aufkochen und quellen lassen, bis er gar ist.
2. In der Zwischenzeit den Porree putzen, der Länge nach aufschneiden, unter fließendem Wasser Schicht für Schicht waschen und in feine Ringe schneiden.
3. Die Gurke waschen, schälen, der Länge nach halbieren und in dünne Scheiben schneiden, die Tomaten waschen und in dünne Spalten schneiden.
4. Die Zwiebel und die Knoblauchzehe schälen und fein hacken, den Käse in kleine Würfel schneiden.
5. Die Zitronen auspressen, mit dem Öl, dem Knoblauch und der Zwiebel vermengen.
6. Das Basilikum, die Petersilie und den Schnittlauch waschen, fein schneiden und in die Zitronensaft-Öl-Marinade mischen.
7. Den noch warmen Bulgur mit der Marinade vermengen, 15 Minuten ziehen lassen, das Gemüse und den Käse dazugeben und mit Salz und Pfeffer abschmecken.

Bulgur mit Tomatensauce
und Schafkäse

ZUTATEN FÜR 4 PORTIONEN

1 kleine Dose geschälte Tomaten (ca. 250 g)

1 rote Chilischote

1 kleine Zwiebel

3 EL Olivenöl

Salz und Pfeffer

1 Prise Zucker

200 g Bulgur

1 Lorbeerblatt

100 ml Wasser

½ Bund Petersilie

200 g Schafkäse

1. Die Tomaten mit einem Mixstab fein pürieren, die Chilischote waschen, putzen und klein schneiden.
2. Die Zwiebel schälen und klein würfeln, das Öl in einem Topf erhitzen, die Chili- und die Zwiebelwürfel darin bei mittlerer Hitze 3 Minuten dünsten, das Tomatenpüree dazugeben und mit Salz, Pfeffer und Zucker würzen.
3. Die Masse einmal aufkochen lassen, den Bulgur und das Lorbeerblatt zugeben, mit dem Wasser aufgießen, unter Rühren kurz köcheln lassen und zugedeckt auf der ausgeschalteten Herdplatte 20–25 Minuten ziehen lassen.
4. Die Petersilie waschen und fein hacken, den Schafkäse (je nach Festigkeit) in die Bulgurmasse bröseln oder klein schneiden und gemeinsam mit der gehackten Petersilie unterrühren, mit Salz und Pfeffer abschmecken.

UNSER SPEZIELLER TIPP

Servieren Sie diese Beilage zu gebratener Hühnerbrust oder als größere Portion als vegetarische Hauptspeise.

Rondini mit Bulgurfülle

ZUTATEN FÜR 4 PORTIONEN

Fülle

250 ml Gemüsesuppe	
100 g Bulgur	
3 Tomaten	
½ Bund Petersilie	
8 Blätter Basilikum	
2 Zweige Thymian	
½ Zweig Rosmarin	
½ scharfer Pfefferoni	
150 g Schafkäse	
1 Zwiebel	
2 EL Olivenöl	
250 g Faschiertes	
Salz	

4 runde Zucchini (Rondini), falls nicht erhältlich: längliche Zucchini

Gemüsesuppe

1. Die Gemüsesuppe aufkochen, den Bulgur einrühren und ca. 5 Minuten garen, den Herd ausschalten und den Bulgur zugedeckt ca. 20–25 Minuten quellen und anschließend auskühlen lassen.

2. Die Tomaten kreuzweise einschneiden, mit heißem Wasser übergießen, häuten und in kleine Würfel schneiden.

3. Die Kräuter und den Pfefferoni waschen (Pfefferoni von Kernen und weißen Adern befreien), fein hacken, den Schafkäse in kleine Würfel schneiden.

4. Die Zwiebel schälen, klein schneiden und im Olivenöl glasig werden lassen, das Faschierte dazugeben und unter ständigem Rühren anbraten, bis es krümelig ist, danach auskühlen lassen.

5. Das Faschierte mit dem Bulgur, den Tomaten, den Kräutern, dem Pfefferoni und dem Schafkäse vermengen und mit Salz abschmecken.

6. Die Rondini waschen, jeweils einen Deckel abschneiden und aushöhlen, mit der Bulgurmasse füllen, die Deckel aufsetzen und in eine Auflaufform geben, mit etwas Gemüsesuppe untergießen.

7. Die gefüllten Rondini im vorgeheizten Backofen bei 180 °C 30–40 Minuten garen.

UNSER SPEZIELLER TIPP
Zu den Rondini mit Bulgurfülle passt sehr gut eine Tomatensauce.

Bulgurquiche

**ZUTATEN FÜR 1 TORTENFORM,
26 CM (CA. 8 STÜCK)**

Germteig

10 g Germ	
130 ml lauwarmes Wasser	
200 g Dinkelmehl	
5 g Salz	
20 g Olivenöl	

Fülle

70 g Bulgur	
Salz	
140 ml Wasser	
1 kleine Zwiebel	
70 g Schinken	
70 g Käse	
120 g Mozzarella	
50 g Zucchini	
frische Kräuter	
2 EL Öl	

Guss

150 g Sauerrahm	
3 Eier	
Salz und Pfeffer	

geriebener Käse zum Bestreuen

1. Für den Teig die Germ im Wasser auflösen und mit den restlichen Zutaten zu einem glatten Teig kneten, im Kühlschrank 2 Stunden rasten lassen.
2. Für die Fülle den Bulgur in kochendes Salzwasser einrühren, den Herd ausschalten und den Bulgur zugedeckt quellen lassen.
3. Die Zwiebel und den Schinken fein hacken, den Käse fein reiben, den Mozzarella in kleine Würfel schneiden, die Zucchini ebenfalls klein schneiden, die Kräuter fein hacken.
4. In einer Pfanne das Öl erhitzen, die fein gehackte Zwiebel darin anschwitzen, mit den restlichen Zutaten vermengen und abschmecken.
5. Für den Guss alle Zutaten glatt verrühren.
6. Den Teig rund ausrollen und eine befettete Quiche- oder Tortenform mit dem Teig auslegen (Teig am Rand hochziehen), die Fülle auf dem Teig verteilen und mit dem Guss bedecken.
7. Im vorgeheizten Backofen bei 190 °C ca. 40 Minuten backen, kurz vor Ende der Backzeit mit etwas geriebenem Käse bestreuen.

UNSER SPEZIELLER TIPP
Aus diesem Rezept können in Portions- oder Muffinförmchen auch kleine „Törtchen" gebacken werden. Die Backzeit verkürzt sich auf ca. 25 Minuten.

Bulgurpudding

ZUTATEN FÜR 4 PORTIONEN

150 g Erdbeeren	
550 ml Milch	
100 g Zucker	
70 g Bulgur	
20 g Vanillepuddingpulver	

1. Die Erdbeeren waschen, putzen und pürieren (falls gewünscht, etwas süßen).
2. 200 ml Milch mit dem Zucker und dem Bulgur aufkochen, 2 Minuten köcheln lassen und anschließend auf der ausgeschalteten Herdplatte ca. 10 Minuten quellen lassen.
3. Das Puddingpulver mit der übrigen Milch (350 ml) glatt rühren.
4. Sobald der Bulgur gar ist, das angerührte Puddingpulver in den Topf dazugeben, unter Rühren aufkochen und cremig einkochen lassen.
5. Den Bulgurpudding in Dessertgläser füllen, obendrauf eine Schicht pürierter Erdbeeren geben.

Bulgurschmarren
mit Zwetschkenröster

ZUTATEN FÜR 4 PORTIONEN

280 ml Milch
100 g Bulgur
50 g Zucker
1 EL Vanillezucker
4 Eiklar
1 Prise Salz
4 Eidotter
20 g Dinkelmehl

Butter zum Backen
Staubzucker zum Bestreuen

Zwetschkenröster
800 g Zwetschken
80 g Zucker
½ Stange Zimt
20 ml Zwetschkenbrand (oder Cognac)

1. Die Milch mit dem Bulgur, der Hälfte des Zuckers und dem Vanillezucker aufkochen, 2 Minuten köcheln lassen, auf der ausgeschalteten Herdplatte ca. 10 Minuten quellen lassen und anschließend überkühlen lassen.
2. Die Eiklar mit Salz und dem restlichen Zucker zu steifem Schnee schlagen.
3. Die Dotter und das Mehl unter die Bulgurmasse rühren und den Eischnee unterheben.
4. In einer Pfanne etwas Butter schmelzen, die Hälfte der Bulgurmasse eingießen und ca. 2 Minuten backen.
5. Anschließend die Bulgurmasse vierteln, wenden, nochmals ca. 2 Minuten backen und in kleine Stücke teilen, den Schmarren im vorgeheizten Backofen bei 100 °C warm stellen.
6. Die restliche Masse ebenfalls in der Pfanne backen.
7. Die Zwetschken halbieren und die Kerne entfernen, den Zucker in einen Topf geben und bei mittlerer Hitze erwärmen, bis er sich goldbraun verfärbt (5–10 Minuten), dabei nicht umrühren.
8. Die Zwetschken und die Zimtstange beigeben, durchrühren und 5 Minuten köcheln lassen (das Karamell löst sich auf).
9. Mit Zwetschkenbrand abschmecken, bei Bedarf noch Zucker dazugeben.
10. Den fertigen Schmarren mit Staubzucker bestreuen und mit dem Zwetschkenröster servieren.

COUSCOUS

Couscous ist ein Grundnahrungsmittel der nordafrikanischen Küche. Er wird aus Hartweizengrieß hergestellt, der angefeuchtet, zu kleinen Kügelchen geformt und getrocknet wird. Heute wird Couscous industriell hergestellt und meist vorgegart und nochmals getrocknet im Handel angeboten.

Couscous mit siedend heißem Wasser oder heißer Gemüsesuppe übergießen. Danach einige Minuten quellen lassen, bis die gewünschte Konsistenz erreicht ist. Couscous benötigt zum Garen die ein- bis eineinhalbfache Menge an Flüssigkeit.

Couscous findet als Hauptgericht, Beilage, Salat und auch für Süßspeisen Verwendung.

Couscoussalat

mit Schafkäse

ZUTATEN FÜR 4 PORTIONEN

400 g Couscous
400 ml Salzwasser
3 mittelgroße Tomaten
1 große Zwiebel
2 Knoblauchzehen
3 Blätter Pfefferminze
100 g Schafkäse
2 EL ungesalzene Erdnüsse

Marinade

3 EL Weißweinessig
½ TL Korianderpulver
Salz und Pfeffer
5 EL Olivenöl

1. Den Couscous mit dem kochenden Salzwasser übergießen und ca. 5 Minuten quellen lassen (es empfiehlt sich, den Couscous während der Quellzeit mit einer Gabel mehrmals aufzulockern).
2. Die Tomaten waschen, halbieren, entkernen und klein würfeln, die Zwiebel schälen und in feine Streifen schneiden, den Knoblauch schälen und fein hacken.
3. Die Minzeblätter waschen und grob hacken, den Schafkäse in kleine Würfel schneiden.
4. Für die Marinade alle Zutaten gut verrühren.
5. Die Tomatenwürfel, den gehackten Knoblauch, die Zwiebelstreifen und den Couscous mit der Marinade vermischen.
6. Anschließend den Schafkäse, die Minze und die Erdnüsse locker unterheben.

UNSER SPEZIELLER TIPP

Am besten schmeckt der Salat, wenn er vor dem Servieren noch kurz durchziehen kann.

Fenchel mit Couscousfülle

ZUTATEN FÜR 4 PORTIONEN

2 Fenchelknollen
100 g Couscous
150 ml Wasser
200 g Saiblingsfilet, ohne Haut und Gräten
10 schwarze Oliven
2 Knoblauchzehen
1 TL Dillspitzen
2 EL Crème fraîche
Salz und Pfeffer
Olivenöl für die Form

1. Den Fenchel putzen und das Grün beiseitelegen, die Fenchelknollen der Länge nach halbieren und aushöhlen, sodass 4 Schalen entstehen.
2. Die ausgehöhlten Fenchelknollen kurz in kochendem Wasser blanchieren, das ausgehöhlte Innere in kleine Stücke schneiden und ebenfalls blanchieren.
3. Den Couscous mit dem siedend heißen Wasser übergießen und ca. 10 Minuten quellen lassen.
4. Das Saiblingsfilet in kleine Würfel schneiden, die Oliven entsteinen und klein schneiden, den Knoblauch schälen und fein hacken.
5. Den Fisch, die Oliven, den Knoblauch, die Fenchelwürfel und den gequollenen Couscous in eine Schüssel geben, Dill und Crème fraîche zugeben, mit Salz und Pfeffer würzen und gut vermischen.
6. Die Fenchelhälften in eine befettete Auflaufform setzen und mit der Masse füllen, im vorgeheizten Backofen bei 180 °C 35 Minuten garen, aus dem Ofen nehmen und mit etwas Fenchelgrün anrichten.

Couscousrouladen mit Pilzsauce

ZUTATEN FÜR 4 PORTIONEN

Fülle

1 Knoblauchzehe	
1 rote Paprikaschote	
1 grüne Paprikaschote	
1 EL Olivenöl	
300 ml Wasser	
Salz und Pfeffer	
300 g Couscous	

Rouladen

1 Kohlkopf (Wirsing)	
40 g Hamburgerspeck (dünn aufgeschnitten)	
60 ml Gemüsesuppe	

Glacierte Pilze

400 g Champignons	
30 g Butter	
Salz und Pfeffer	
1 Prise Cayennepfeffer	
100 ml Weißwein	
½ Bund Petersilie	
125 ml Obers	

1. Für die Fülle den Knoblauch schälen und fein hacken, die Paprikaschoten waschen, putzen, in kleine Würfel schneiden und im Olivenöl anschwitzen, mit dem Wasser aufgießen, aufkochen lassen und mit Salz, Pfeffer und dem zerkleinerten Knoblauch würzen.

2. Den Couscous in eine große Schüssel geben, mit diesem Sud übergießen und ca. 10 Minuten quellen lassen.

3. Vom Kohlkopf 8 große Blätter ablösen, waschen und blanchieren, dann auf der Arbeitsfläche auflegen und die groben Rippen mit dem Messer flach drücken.

4. Die Speckscheiben auf die Kohlblätter legen, den Couscous gleichmäßig darauf verteilen, die seitlichen Blattränder einschlagen und eng zusammenrollen.

5. Die Rouladen mit der Naht nach unten in eine befettete Auflaufform eng einlegen, mit der Gemüsesuppe untergießen und im vorgeheizten Backofen ca. 20 Minuten garen.

6. Die Champignons putzen und waschen, halbieren oder vierteln und kurz in der Butter anschwitzen, nach Geschmack mit Salz, Pfeffer und Cayennepfeffer würzen und mit dem Weißwein ablöschen, den Wein etwas einkochen lassen.

7. Die Petersilie waschen, fein hacken, mit dem Obers zu den Champignons geben, die Rouladen aus dem Backofen nehmen und mit der Pilzsauce anrichten.

Couscous

mit gebratenem Huhn und Gemüse

ZUTATEN FÜR 4 PORTIONEN

1 ganzes Huhn

½ Zitrone

1 Rosmarinzweig

2–3 Knoblauchzehen

1–2 Melanzani

1 EL Rapsöl

1 Prise Piment

etwas Kreuzkümmel

Salz und Pfeffer

1 Stange Zimt

300 g Couscous

1 Handvoll Pinienkerne

1 Handvoll getrocknete Früchte

(Datteln, Marillen ...)

2 Frühlingszwiebeln zum Garnieren

1. Das Huhn mit der Zitrone, dem Rosmarinzweig und einigen Knoblauchzehen füllen, in einen Römertopf geben und im Backofen ca. 1 ½ Stunden bei 200 °C braten.
2. Wenn das Huhn gar ist, die Melanzani in Scheiben schneiden, beidseitig mit Rapsöl bestreichen, auf ein Backblech auflegen und bei 220 °C ca. 5 Minuten grillen.
3. Den Bratensaft vom Huhn in einen Topf seihen, mit Wasser auf 300 ml ergänzen und mit einer Prise Piment, etwas Kreuzkümmel, Salz und Pfeffer sowie der Zimtstange aufkochen, den Couscous einrühren, vom Herd nehmen und ca. 10 Minuten quellen lassen.
4. Inzwischen das Hühnerfleisch von den Knochen lösen und in Streifen schneiden, die Pinienkerne rösten.
5. Die gegrillten Melanzani in Würfel schneiden, die getrockneten Früchte ebenfalls klein schneiden.
6. Alles mit dem würzigen Couscous vermischen und eine Weile ziehen lassen, vor dem Servieren mit klein geschnittenen Frühlingszwiebeln garnieren.

UNSER SPEZIELLER TIPP

Um die Zubereitungszeit deutlich zu reduzieren, kann man statt des ganzen Huhns auch Hühnerbrüstchen verwenden. Diese in einer Pfanne braten und anschließend warm stellen, den Bratenrückstand mit 300 ml Wasser und frisch gepresstem Zitronensaft aufgießen, die oben angeführten Gewürze hinzufügen und den Couscous darin ziehen lassen. Als Beilage zu den gebratenen Hühnerbrüstchen reichen.

Couscous
mit Mandelstiften

ZUTATEN FÜR 4 PORTIONEN

220 ml Gemüsesuppe

1 Prise Cayennepfeffer

2 EL Distelöl

200 g Couscous

1 Knoblauchzehe

Salz und Pfeffer

einige Basilikumblätter

50 g Mandelstifte

1. Die Gemüsesuppe mit Cayennepfeffer würzen und mit dem Distelöl aufkochen, unter Rühren den Couscous hinzufügen und nochmals aufkochen lassen, von der Herdplatte nehmen und zugedeckt ca. 10 Minuten quellen lassen.
2. Den Knoblauch schälen, fein hacken, zur Couscousmasse geben und mit Salz und Pfeffer abschmecken.
3. Die Basilikumblätter waschen und in feine Streifen schneiden, die Mandelstifte in einer Pfanne ohne Fett trocken anrösten, beides unter die Couscousmasse mischen.

UNSER SPEZIELLER TIPP
Überraschen Sie Ihre Gäste mit einer nicht alltäglichen Beilage. Dieses Gericht passt sehr gut zu Geflügelgerichten mit Sauce sowie zu zartem Lammrücken.

Couscous
mit Orangen

ZUTATEN FÜR 4 PORTIONEN

200 ml Wasser

6 EL Couscous

2 Orangen

2 TL gemahlene Mandeln

1 Prise Zimt

60 g Obers

1. Das Wasser aufkochen lassen, den Topf vom Herd ziehen, Couscous einrühren und 10 Minuten quellen lassen.
2. In der Zwischenzeit die Orangen schälen, Kerne und möglichst viel von der weißen Haut entfernen, das Fruchtfleisch in mundgerechte Stücke schneiden.
3. Den Couscous kurz durchrühren, Mandeln, Zimt und Obers untermischen, die Orangen unterheben.

Couscous-flammeri
mit Beeren

ZUTATEN FÜR 6 PORTIONEN

200 g Ribiseln	
4 Blatt Gelatine	
250 ml Milch	
1 Vanilleschote	
abgeriebene Schale von ½ Orange (unbehandelt)	
50 g Couscous	
70 g Staubzucker	
250 ml Obers	

Beerenmark

50 g Kristallzucker	
100 g Beeren	
4 EL Wasser	

UNSER SPEZIELLER TIPP

Statt Ribiseln können auch Heidel-, Brom- oder Himbeeren verwendet werden. Außerhalb der Saison kann man auch tiefgefrorene Beeren verwenden.

1. Die Ribiseln abrebeln, in einem Sieb kurz unter kaltem Wasser abspülen und abtropfen lassen, die Gelatine in kaltem Wasser einweichen.

2. Die Milch in einen Topf geben, die Vanilleschote der Länge nach halbieren, das Mark herausschaben, mit der Orangenschale und der Vanilleschote in die Milch geben, unter Rühren zum Kochen bringen.

3. Die Vanilleschote entfernen, den Couscous in die kochende Milch einrühren, den Topf vom Herd nehmen, Gelatine gut ausdrücken und in die Masse einarbeiten, zugedeckt etwas abkühlen lassen.

4. Den Staubzucker dazugeben und gut vermischen, das Obers steif schlagen und mit den Ribiseln unter die Masse heben.

5. Puddingformen mit kaltem Wasser ausspülen, die Masse einfüllen und zum Festwerden ca. 3–4 Stunden in den Kühlschrank stellen.

6. Für das Beerenmark den Kristallzucker hell karamellisieren, die Beeren und das Wasser zum Karamell geben, auf die gewünschte Konsistenz einkochen, danach durch ein Sieb passieren und auskühlen lassen.

7. Die Formen aus dem Kühlschrank nehmen, kurz in ein heißes Wasserbad halten und die Flammeris sofort auf Teller stürzen, mit dem Beerenmark garnieren.

DINKEL

Dinkel liefert ein wertvolles, eiweißreiches Mehl mit hohem Klebergehalt. Dinkelmehl vermag Wasser gut zu binden und ist daher sehr gut für die Zubereitung von Spätzle geeignet. Backwaren mit hohem Anteil von Dinkelmehl zeichnen sich durch einen besonders aromatischen Geschmack aus und bleiben länger frisch.

Aber auch Dinkelreis, Dinkelgrieß, Dinkelschrot oder Dinkelflocken kommen bei den Rezepten zum Einsatz.

Dinkelcremesuppe

ZUTATEN FÜR 4 PORTIONEN

80 g Dinkelvollkornmehl

1 l Gemüsesuppe

4 EL Sauerrahm

2 EL Weißwein

1 Ei

Kräuter (z. B. Schnittlauch, Liebstöckel, Petersilie) zum Garnieren

1. Das Dinkelvollkornmehl in einem Topf trocken rösten, bis es duftet, mit der Gemüsesuppe aufgießen und 5 Minuten köcheln lassen, dabei gelegentlich umrühren.
2. Den Sauerrahm mit dem Weißwein verquirlen und in die Suppe einrühren.
3. Zum Schluss das Ei versprudeln und unter ständigem Rühren in die köchelnde Suppe einrühren und kurz aufkochen lassen.

Selleriesuppe mit Dinkel

ZUTATEN FÜR 4 PORTIONEN

1 kleine Zwiebel

2 EL Olivenöl

4 EL feiner Dinkelschrot

1 l Gemüsesuppe

200 g Sellerie

½ Bund Petersilie

3 Blätter Liebstöckel

Salz

1. Die Zwiebel schälen, fein hacken und im erhitzten Öl leicht anrösten, den Dinkelschrot unter ständigem Rühren dazugeben und leicht anschwitzen, mit der Gemüsesuppe aufgießen, die Hitze reduzieren und zugedeckt ca. 5 Minuten kochen lassen.
2. In der Zwischenzeit den Sellerie waschen, schälen und fein reiben, die Petersilie und den Liebstöckel waschen und fein hacken, alles in die Suppe geben, kurz aufkochen lassen und mit Salz nach Geschmack würzen.

Saure Dinkelsuppe

ZUTATEN FÜR 4 PORTIONEN

1 große Karotte
150 g Pastinak- oder Petersilienwurzel
2 Knoblauchzehen
1 l Gemüsesuppe
70 g Dinkelflocken
1 EL Maiskeimöl
½ TL Apfelessig
½ Bund Schnittlauch
4 TL Sauerrahm

1. Das Wurzelgemüse waschen, schälen und in sehr feine Streifen schneiden, den Knoblauch schälen und fein hacken, die Gemüsesuppe in einem Topf aufkochen lassen und die Dinkelflocken, den Knoblauch und die Gemüsestreifen hinzufügen, ca. 5 Minuten kochen lassen, danach das Öl und den Essig dazugeben.

2. Den Schnittlauch waschen und fein schneiden, vor dem Servieren pro Portion 1 TL Sauerrahm auf die Suppe setzen und mit dem Schnittlauch bestreuen.

Dinkelgrießnockerln

ZUTATEN FÜR 4 PORTIONEN

40 g Butter
80 g Dinkelgrieß
1 Ei
Salz
1 Prise Muskatnuss

1. Die Butter flaumig rühren und die übrigen Zutaten untermengen, die Masse 30–60 Minuten rasten lassen und anschließend Nockerln formen.
2. Diese in kochendes Salzwasser einlegen, 10 Minuten kochen und anschließend 10 Minuten ziehen lassen (eventuell nach den ersten 10 Minuten eine Tasse kaltes Wasser nachgießen).

Dinkelsprossensalat

ZUTATEN FÜR 4 PORTIONEN

50 g Dinkel
200 ml Gemüsesuppe
200 g Friséesalat
1 Fenchelknolle
2 Karotten
1 Orange
1 Bund Schnittlauch

Marinade

1 TL Senf
Salz und Pfeffer
½ TL Honig oder Ahornsirup
2 EL Apfelessig
3 EL Rapsöl

1. Aus den Dinkelkörnern Dinkelsprossen ziehen (siehe Kapitel Keime, Seite 24 ff.).
2. Die Gemüsesuppe aufkochen und die Sprossen hineingeben, nochmals aufkochen lassen und dann abseihen (die Gemüsesuppe unbedingt auffangen).
3. Die Sprossen in eine Schüssel geben, 2 EL von der Gemüsesuppe für die Marinade beiseitestellen.
4. Den Friséesalat waschen und zerkleinern, den Fenchel und die Karotten putzen, waschen und in feine Streifen schneiden.
5. Die Orange schälen, waschen und in kleine Stücke schneiden, den dabei austretenden Orangensaft auffangen.
6. Für die Marinade alle Zutaten gut verrühren und den aufgefangenen Orangensaft sowie die 2 EL Gemüsesuppe hinzufügen.
7. Alle Salatzutaten zu den Sprossen in die Schüssel geben und gut mit der Marinade vermischen, mit Schnittlauchröllchen garnieren.

Gratinierte Vollkornspätzle

ZUTATEN FÜR 4 PORTIONEN

200 g Dinkelvollkornmehl
200 g Weizengrieß
2 Eier
ca. 250 ml Wasser
3 EL Rapsöl
½ Bund Petersilie
Salz und Pfeffer
500 g Brokkoli
400 g Champignons
10 g Butter
200 ml Obers
100 g Hartkäse (z. B. Parmesan)

1. Das Dinkelvollkornmehl mit dem Weizengrieß, den Eiern, dem Wasser, 2 EL Rapsöl, der gewaschenen und fein gehackten Petersilie und einer Prise Salz zu einem Teig verrühren, mindestens 30 Minuten rasten lassen.

2. In der Zwischenzeit den Brokkoli putzen, in kleine Röschen teilen, waschen und in reichlich Salzwasser blanchieren, danach unter fließendem, kaltem Wasser abschrecken.

3. Die Champignons putzen, waschen und vierteln oder halbieren, in einer Pfanne die Butter etwas aufschäumen lassen, die Champignons darin kurz anschwitzen, das Obers dazugießen und kurz einkochen lassen, dann die Brokkoliröschen zugeben.

4. In einem großen Topf reichlich Salzwasser aufkochen lassen und den Teig durch ein Spätzlesieb oder einen Spätzlehobel drücken.

5. Wenn die Spätzle an der Oberfläche schwimmen, noch kurz köcheln lassen, dann mit einem Siebschöpfer herausnehmen und unter fließendem, kaltem Wasser abschrecken.

6. Die gegarten Spätzle in eine befettete Auflaufform geben. Um zu verhindern, dass die Spätzle zusammenkleben, vorsichtig 1 EL Rapsöl untermischen, mit der Champignon-Brokkoli-Masse bedecken und mit dem geriebenen Käse bestreuen.

7. Im vorgeheizten Backofen bei 200 °C ca. 15 Minuten gratinieren.

Forelle im Dinkelbierteig
mit Wurzelgemüse

ZUTATEN FÜR 4 PORTIONEN

Dinkelbierteig

100 g Dinkelvollkornmehl
1 Eidotter
125 ml Bier
1 Prise Salz
1 Prise Zucker
10 g Butter
1 Eiklar

Wurzelgemüse

1 Karotte
1 Gelbe Rübe
150 g Sellerieknolle
1 kleine Porreestange
10 g Butter
Salz und Pfeffer

Rapsöl zum Backen
4 Forellenfilets à ca. 150 g
Salz
10 g Dinkelmehl
½ Bund Petersilie

1. Das Dinkelvollkornmehl mit dem Eidotter und dem Bier glatt rühren und mit Salz und Zucker würzen, die Butter zerlassen, in den Bierteig einrühren und 20 Minuten quellen lassen, danach das Eiklar zu steifem Schnee schlagen und unter den Teig heben.
2. Die Karotte, die Gelbe Rübe und den Sellerie waschen, schälen und in feine Streifen schneiden, den Porree der Länge nach aufschneiden, unter fließendem Wasser Schicht für Schicht waschen und in feine Streifen schneiden.
3. Das Gemüse in wenig Salzwasser dünsten, abgießen und unter fließendem, kaltem Wasser abschrecken.
4. In einer Pfanne die Butter erhitzen und die Gemüsestreifen darin schwenken, mit Salz und Pfeffer würzen und warm stellen.
5. In einem weiten Topf reichlich Rapsöl erhitzen, die Forellenfilets salzen, in Mehl wenden und durch den Dinkelbierteig ziehen, danach sofort im heißen Öl schwimmend beidseitig goldbraun backen und auf Küchenpapier abtropfen lassen.
6. Die Forellenfilets sofort mit dem Gemüse anrichten und mit der gehackten Petersilie bestreuen.

Dinkelcannelloni

mit Grünkernfülle auf Tomatenconcassée

ZUTATEN FÜR 4 PORTIONEN

Teig

300 g Dinkelmehl	
2 Eier	
4–5 EL Wasser • Salz	

Fülle

1 Zwiebel	
40 g Butter	
150 g Grünkernschrot	
400 ml Wasser	
1 Msp. Kümmel, gemahlen	
2 TL Majoran, gerebelt	
1 EL Thymian, gerebelt	
150 g Zucchini • 150 g Champignons	

Concassée

3 Tomaten	
je 1 Zweig Oregano, Rosmarin, Thymian	
1 kleine Zwiebel	
1 Knoblauchzehe	
20 g Butter	
Pfeffer	
100 g Parmesan	

UNSER SPEZIELLER TIPP

Wenn Sie Zeit sparen möchten, verwenden Sie fertige Cannelloni und anstelle des Tomatenconcassées Tomatenscheiben.

1. Aus dem Dinkelmehl, den Eiern, dem Wasser und etwas Salz einen geschmeidigen Nudelteig kneten, den Teig in Frischhaltefolie wickeln und 30 Minuten rasten lassen.

2. In einem weiten Topf reichlich Salzwasser aufkochen, den Nudelteig ausrollen und in gleich große Rechtecke (ca. 12 x 16 cm) schneiden, nach und nach immer 2–3 dieser Rechtecke im sprudelnden Wasser 2 Minuten vorkochen, unter fließendem, kaltem Wasser abschrecken, auf ein sauberes Geschirrtuch auflegen.

3. Für die Fülle die Zwiebel schälen, fein schneiden und in Butter glasig anschwitzen, den Grünkernschrot dazugeben und so lange rösten, bis er zu duften beginnt, mit dem Wasser aufgießen, mit Kümmel, Majoran und Thymian würzen und ausquellen lassen.

4. Die Zucchini waschen und raspeln, die Champignons putzen, waschen und sehr fein hacken, beides zum Grünkernschrot geben, unterrühren und abschmecken.

5. Für das Concassée die Tomaten waschen, in kochendem Wasser blanchieren und die Haut abziehen, danach halbieren, entkernen und in ca. 1 cm große Würfel schneiden.

6. Die Kräuter waschen und fein hacken, die Zwiebel und den Knoblauch schälen, fein hacken und in der Butter anschwitzen, die Tomatenwürfel dazugeben und mit Pfeffer und den Kräutern abschmecken, in eine befettete Auflaufform füllen.

7. Die Grünkernfülle auf die Teigrechtecke verteilen und eng zu Röllchen formen.

8. Die Cannelloni eng nebeneinander in die Auflaufform auf das Tomatenconcassée schlichten.

9. Den Parmesan reiben, die Cannelloni damit bestreuen und im vorgeheizten Backofen bei 200 °C ca. 20 Minuten backen.

Pizzamuffins

ZUTATEN FÜR CA. 20 STÜCK

100 g Schinken (oder Speck oder Wurst)

120 g Mozzarella

60 g getrocknete Tomaten

1 grüne Paprikaschote • 50 g Käse

150 g Dinkelmehl

50 g Dinkelvollkornmehl

50 g Haferflocken

3 TL Backpulver • 10 g Salz

Oregano, Rosmarin, Thymian, fein gehackt

1 Ei • 50 ml Olivenöl

250 ml Buttermilch

1. Den Schinken, den Mozzarella und die Tomaten fein schneiden, die Paprikaschote vorbereiten und in kleine Würfel schneiden, den Käse fein reiben.
2. Die beiden Mehlsorten und die Haferflocken mit dem Backpulver, dem Salz und den Kräutern vermischen, den Schinken, den Mozzarella, die Paprikawürfel und den Käse untermengen.
3. Das Ei mit dem Öl und der Buttermilch gut verrühren, diese Mischung zu den trockenen Zutaten geben und alles gut durchmixen.
4. Den Teig in Muffinsformen füllen und im vorgeheizten Backofen bei 180 °C 25–30 Minuten backen.

Dinkelbrot

ZUTATEN FÜR 1 KASTENFORM (LÄNGE: 30 CM)

250 g Dinkelvollkornmehl

250 g Dinkelmehl

1 Packung Trockengerm

2 EL Sonnenblumenkerne

2 EL Leinsamen • 10 g Salz

1 EL Brotgewürz (siehe Seite 28)

450 ml Flüssigkeit (Wasser, Wasser/Bier, Wasser/Milch)

1. Alle trockenen Zutaten vermengen und mit der Flüssigkeit zu einem sehr glatten Teig kneten.
2. Diesen in eine befettete Kastenform geben und 20 Minuten an einem warmen Ort gehen lassen.
3. Im vorgeheizten Backofen bei 200 °C ca. 1 Stunde backen.

Dinkel-Karotten-Laibchen

ZUTATEN FÜR 4 PORTIONEN

200 g mehlige Kartoffeln
300 ml Wasser
Salz
150 g Dinkelflocken
½ Bund Petersilie
2 Karotten
1 Schalotte
1 Knoblauchzehe
4 EL Olivenöl
2 Eier
4 EL Semmelbrösel
Pfeffer
1 Prise Muskatnuss, gerieben

1. Die Kartoffeln dämpfen, 300 ml Wasser mit Salz aufkochen, die Dinkelflocken hineingeben und ca. 5 Minuten kochen lassen, bis sämtliche Flüssigkeit aufgenommen ist.

2. In der Zwischenzeit die Petersilie waschen und fein hacken, die Karotten waschen, schälen und fein raspeln, die gedämpften Kartoffeln schälen und durch die Kartoffelpresse drücken, die Schalotte und den Knoblauch schälen, fein hacken und in 1 EL Olivenöl anschwitzen.

3. Die geraspelten Karotten dazugeben und kurz mitrösten, danach abkühlen lassen, diese Mischung mit den Dinkelflocken, der gehackten Petersilie, den Eiern, den zerdrückten Kartoffeln und 2 EL Semmelbröseln gut verkneten und mit Salz, Pfeffer und Muskatnuss würzen.

4. Aus der Masse mit nassen Händen 12 Laibchen formen und in den restlichen Semmelbröseln wenden.

5. Das restliche Olivenöl in einer großen Pfanne erhitzen und die Laibchen darin auf beiden Seiten goldbraun braten.

UNSER SPEZIELLER TIPP

Zu den Laibchen passen Salate besonders gut. Mischen Sie z. B. diverse Blattsalate nach Lust und Laune und bereiten Sie diese mit einer einfachen Essig-Öl-Marinade zu, der Sie etwas Zitronensaft beigeben.

Käseweckerln

ZUTATEN FÜR CA. 20 STÜCK

120 g Emmentaler
30 g Germ
1 Prise Zucker
125 ml lauwarmes Wasser
200 g Dinkelvollkornmehl
200 g Weizenmehl
250 ml lauwarme Buttermilch
2 TL Salz
1 Eidotter
2 EL Milch
50 g Emmentaler zum Bestreuen
grobes Salz und Paprikapulver
zum Bestreuen

1. Den Käse reiben, die Germ und eine Prise Zucker in 125 ml lauwarmem Wasser auflösen.
2. Dinkel- und Weizenmehl mit der aufgelösten Germ, der lauwarmen Buttermilch, dem Salz und dem geriebenen Käse zu einem mittelfesten Teig kneten.
3. Den Teig zugedeckt an einem warmen Ort ca. 30 Minuten gehen lassen.
4. Den Eidotter mit der Milch verrühren, den Käse reiben und mit grobem Salz und Paprikapulver mischen.
5. Aus dem Teig gleich große Stücke abstechen und zu Weckerln formen, auf das mit Backpapier belegte Backblech geben und noch 10 Minuten gehen lassen.
6. Im vorgeheizten Backofen bei 200 °C 10 Minuten backen, dann die Weckerln mit der Milch-Dotter-Mischung bestreichen und mit der Käse-Paprikapulver-Mischung bestreuen.
7. Anschließend die Hitze auf 180 °C reduzieren und die Weckerln 10–15 Minuten fertig backen.

Joghurtweckerln

ZUTATEN FÜR CA. 16 STÜCK

400 g Dinkelvollkornmehl
200 g griffiges Weizenmehl
30 g Germ
60 ml lauwarmes Wasser
500 ml Joghurt
1 Ei
4 EL Sonnenblumenöl
10 g Salz
1 Ei zum Bestreichen
Sesam

1. Dinkelvollkorn- und Weizenmehl in einer Schüssel vermischen, in der Mitte ein Grübchen formen, die Germ einbröseln, mit dem lauwarmen Wasser und etwas Mehl verrühren und zugedeckt an einem warmen Ort stehen lassen, bis sich das Volumen der aufgelösten Germ verdoppelt hat.
2. Alle Zutaten zu einem geschmeidigen Teig kneten und ca. 30 Minuten an einem warmen Ort gehen lassen, bis sich das Teigvolumen verdoppelt hat.
3. Aus dem Teig Weckerln formen und diese auf einem mit Backpapier belegten Backblech nochmals gehen lassen.
4. Das Ei verquirlen, die Weckerln damit bestreichen, mit dem Sesam bestreuen und im vorgeheizten Backofen bei 200 °C ca. 20 Minuten backen.

UNSER SPEZIELLER TIPP
Die Joghurtweckerln schmecken frisch am besten. Wenn Sie sie nicht am gleichen Tag verzehren, empfehlen wir, die Weckerln einzufrieren.

Knäckebrot

ZUTATEN FÜR CA. 50 STÜCK

40 g Butter
300 g Dinkelvollkornmehl
230 ml Milch
6 g Salz
30 g Sesam
30 g Leinsamen

1. Die Butter schmelzen, das Mehl, die Milch, die zerlassene Butter und das Salz ca. 10 Minuten durchkneten, anschließend 15 Minuten ruhen lassen.
2. Den Sesam und den Leinsamen zugeben und nochmals gründlich durchkneten, danach den Teig in 3 Stücke teilen und jedes Stück zwischen zwei Bögen Backpapier sehr dünn ausrollen.
3. Den dünn ausgerollten Teig mit einem Teigrad in Quadrate oder Rechtecke schneiden und diese mit einer Gabel mehrmals anstechen.
4. Die Quadrate oder Rechtecke auf einem mit Backpapier belegten Backblech bei 200 °C ca. 15 Minuten backen.

UNSER SPEZIELLER TIPP

Die Teigstücke können vor dem Backen ganz nach Belieben mit Kümmel, Käse, Meersalz, Leinsamen, Sesam usw. bestreut werden. Das Knäckebrot schmeckt auch mit Weizenvollkornmehl vorzüglich.

Dinkelkräcker

ZUTATEN FÜR CA. 35 STÜCK

150 g Dinkelvollkornmehl

100 g Dinkelmehl

50 g zimmerwarme Butter

125 ml Milch

5 g Kräutersalz

2 EL getrocknete Kräuter der Provence

1. Alle Zutaten zu einem glatten Teig verkneten und bei Zimmertemperatur ca. 30 Minuten rasten lassen.
2. Den Teig sehr dünn ausrollen und in kleine Rauten schneiden oder beliebige Formen ausstechen, auf ein mit Backpapier belegtes Backblech legen, mit Wasser bestreichen, mit einer Gabel mehrmals anstechen und im vorgeheizten Backofen bei 180 °C ca. 20 Minuten backen.

UNSER SPEZIELLER TIPP
Mit einer Nudelmaschine kann der Teig besonders dünn und gleichmäßig ausgerollt werden.

Pikanter Dinkelaufstrich

ZUTATEN FÜR CA. 580 G

50 g Dinkel

50 g Grünkern

250 ml Gemüsesuppe

100 g Porree

einige Basilikumblätter

80 g Butter

50 g Doppelrahmfrischkäse

Salz und Pfeffer

1. Den Dinkel und den Grünkern mittelgrob schroten, in einer Pfanne ohne Fett rösten, bis der Getreideschrot zu duften beginnt.
2. Mit der Gemüsesuppe aufgießen, aufkochen und ca. 15 Minuten köcheln, den Topf vom Herd nehmen, zugedeckt noch etwa 10 Minuten quellen und überkühlen lassen.
3. Den Porree putzen, der Länge nach aufschneiden, unter fließendem Wasser Schicht für Schicht waschen und in feine Streifen schneiden, das Basilikum waschen und fein hacken.
4. Die Butter flaumig rühren, den Doppelrahmfrischkäse, den Getreideschrot, den Porree sowie das Basilikum einrühren und mit Salz und Pfeffer abschmecken.

Dinkelgrießmus

ZUTATEN FÜR 4 PORTIONEN

500 ml Wasser

1 Prise Salz

70 g Dinkelgrieß

1 Apfel

50 g Honig

30 ml Obers

Zimt

Zucker

1. Das Wasser mit dem Salz aufkochen, den Dinkelgrieß hinzufügen und unter ständigem Rühren zu einer breiartigen Masse einkochen.
2. Den Apfel waschen, reiben und in den Grießbrei einrühren, den Honig und das Obers einrühren, mit Zimt und Zucker abschmecken und warm servieren.

UNSER SPEZIELLER TIPP
Das Grießmus ist ein wärmender Bestandteil eines vollwertigen Frühstückes. Statt Dinkelgrieß kann auch Weizengrieß verwendet werden.

Gefüllte Speckstangerln

ZUTATEN FÜR CA. 12 STÜCK

20 g Germ	
150 ml Wasser	
200 g Dinkelschrot	
300 g Dinkelmehl	
10 g Salz	
20 g Butter (zimmerwarm)	
15 g Brotgewürz	
200 ml Joghurt	

100 g gekochter Hamburgerspeck
zum Füllen

1. Die Germ im lauwarmen Wasser auflösen und mit den restlichen Zutaten zu einem mittelfesten Teig verkneten, den Teig zugedeckt an einem warmen Ort gehen lassen, bis sich das Volumen verdoppelt hat.

2. Den Speck in dünne Scheiben schneiden, den Teig in gleich große Stücke teilen, zu länglichen Fladen ausrollen und mit je 2 Speckscheiben belegen.

3. Teigstücke von oben nach unten einrollen und auf ein mit Backpapier belegtes Backblech geben, noch 10 Minuten gehen lassen und mit Wasser bestreichen oder besprühen.

4. Mit einem scharfen Messer an der Oberseite mehrmals schräg einschneiden (der Speck sollte sichtbar werden) und im vorgeheizten Backofen bei 220 °C ca. 20 Minuten backen.

Marillenknödel
in Nussbröseln

ZUTATEN FÜR 10–12 STÜCK

Knödel

70 g Butter	
½ TL Salz	
1 Ei	
70 g Weizengrieß	
250 g Topfen	
70 g Dinkelvollkornmehl	

Fülle

10–12 Marillen	

Nussbrösel

50 g Haselnüsse	
60 g Butter	
120 g Semmelbrösel	
60 g Zucker	
1 Prise Zimt	

1. Die Butter mit dem Salz flaumig rühren, das Ei, den Weizengrieß und den Topfen einrühren, dann das Dinkelvollkornmehl einmengen und 30 Minuten kühl rasten lassen.
2. Den Teig zu einer Rolle formen und in 10–12 gleich große Stücke teilen, die Marillen waschen, trocken tupfen und gleichmäßig mit den Teigstücken umschließen.
3. In einem Topf Wasser zum Kochen bringen, salzen und die Knödel ca. 10–15 Minuten darin ziehen lassen.
4. Die Hälfte der Haselnüsse reiben, die andere Hälfte hacken, in einer Pfanne die Butter schmelzen, die Semmelbrösel, den Zucker und die Nüsse darin goldgelb rösten und mit dem Zimt verfeinern.
5. Die Knödel aus dem Wasser nehmen und in dem Bröselgemisch wälzen, vor dem Servieren eventuell mit Staubzucker bestreuen.

UNSER SPEZIELLER TIPP

Geben Sie den Nussbröseln mit ein paar Tropfen Haselnuss- oder Marillenkernöl ein exquisites Aroma. Selbstverständlich können Sie die Knödel auch mit anderem Obst zubereiten. Dabei empfiehlt es sich, regionales Obst der Saison zu verwenden, da dieses den Knödeln eine besondere fruchtige Süße verleiht.

Apfelnockerln
mit Walnüssen

ZUTATEN FÜR 4 PORTIONEN

40 g Grünkern	
160 g Dinkelvollkornmehl	
125 ml Wasser	
2 Eier	
1 Prise Salz	
800 g Äpfel	
1 Zitrone	
60 g Walnüsse	
50 g Butter	
Zucker oder Honig	
Zimt	

1. Den Grünkern fein mahlen, mit dem Dinkelvollkornmehl, dem Wasser, den Eiern und dem Salz zu einem Teig verrühren und ca. 30 Minuten rasten lassen.
2. Reichlich Wasser zum Kochen bringen, aus dem Teig Nockerln formen (mit Spätzlesieb oder wie beim Rezept „Einkornnockerln mit Ei und Speck" Seite 80) und diese 5–7 Minuten im Wasser ziehen lassen.
3. Danach die Nockerln aus dem Wasser nehmen, mit kaltem Wasser abspülen.
4. Die gewaschenen Äpfel schälen, vom Kerngehäuse befreien und in dünne Stifte schneiden, die Zitrone auspressen und die Apfelstifte mit dem Zitronensaft vermengen.
5. Die Walnüsse reiben, in der Butter kurz rösten, die Äpfel zugeben und ein paar Minuten mitdünsten, mit dem Zucker oder dem Honig nach Belieben süßen, mit etwas Zimt bestreuen und unter die Nockerln mischen, sofort servieren.

UNSER SPEZIELLER TIPP

Verwenden Sie wenn möglich säuerliche Äpfel für dieses Gericht.

Feiner Dinkel-Pfirsichkuchen

**ZUTATEN FÜR 1 BACKBLECH
(CA. 20 STÜCK)**

1 kg vollreife Pfirsiche
220 g Butter
120 g Staubzucker
2 Packungen Vanillezucker
abgeriebene Schale von 1 Zitrone (unbehandelt)
6 Eidotter
40 g Maisstärke
6 Eiklar
120 g Kristallzucker
1 Prise Salz
110 g Dinkelvollkornmehl
110 g Dinkelmehl
½ Packung Backpulver
Staubzucker zum Bestreuen

1. Die Pfirsiche in siedendem Wasser einige Sekunden lang überbrühen, sofort in kaltes Wasser legen und die Haut abziehen, anschließend halbieren, entkernen und in Spalten schneiden.
2. Die Butter flaumig rühren, den Staubzucker, den Vanillezucker und die Zitronenschale zugeben, nach und nach die Eidotter, zuletzt die Maisstärke hinzufügen und so lange rühren, bis eine sehr schaumige Masse entsteht.
3. Die Eiklar mit dem Kristallzucker und dem Salz zu steifem Schnee schlagen, das Dinkelvollkornmehl und das Dinkelmehl mit dem Backpulver vermischen und abwechselnd mit dem Eischnee vorsichtig unter die Buttermasse heben.
4. Die Masse gleichmäßig (ca. 2 cm hoch) auf ein mit Backpapier ausgelegtes Backblech streichen und mit den Pfirsichen belegen.
5. Im vorgeheizten Backofen bei 180 °C 40–50 Minuten backen, auskühlen lassen und vor dem Servieren mit Staubzucker bestreuen.

UNSER SPEZIELLER TIPP
Die Haut der Pfirsiche muss nicht unbedingt entfernt werden. Der Teig eignet sich auch für Marillen-, Zwetschken- und Rhabarberkuchen.

EINKORN

Einkorn ist eine alte Weizensorte, die einen höheren Eiweißgehalt und höheren Gehalt an Carotinoiden zeigt. Der Klebergehalt ist jedoch niedriger und von schlechterer Qualität als der von Weizen, weshalb es sich zum Backen weniger eignet.

Deshalb werden meist die ganzen Körner, poliertes Einkorn (Einkornreis), Einkornflocken und Einkornschrot zum Kochen verwendet.

Naturmüsli mit Obers

ZUTATEN FÜR 4 PORTIONEN

80 g Einkorn
2 Birnen
2 Äpfel
125 ml Obers
40 g Walnüsse
60 g Haferflocken
Zitronensaft nach Geschmack

1. Das Einkorn grob schroten, mit Wasser bedecken und über Nacht im Kühlschrank quellen lassen.
2. Am nächsten Tag die Birnen und die Äpfel waschen, entkernen und in kleine Würfel schneiden.
3. Das Obers steif schlagen und die Walnüsse grob hacken, vom Einkornschrot das überschüssige Wasser abgießen und den Einkornschrot mit den Haferflocken, dem Obst und den Walnüssen vermengen.
4. Mit Zitronensaft abschmecken, das Obers unterziehen und sofort servieren.

UNSER SPEZIELLER TIPP
Besonders gesundheitsbewusste Genießer ersetzen das Obers durch Joghurt.

Einkornsuppe mit Gemüse

ZUTATEN FÜR 4 PORTIONEN

50 g Einkorn
½ Zwiebel
30 g Porree
1 kleine Karotte
20 g Sellerie
20 g Butter
800 ml Gemüsesuppe
½ Bund Petersilie
1 EL Crème fraîche
Salz und Pfeffer

1. Das Einkorn über Nacht in kaltem Wasser einweichen.
2. Am nächsten Tag die Zwiebel schälen und fein schneiden, den Porree putzen, der Länge nach aufschneiden, unter fließendem Wasser Schicht für Schicht waschen und in feine Ringe schneiden.
3. Die Karotte und den Sellerie waschen, putzen und grob reiben, die Zwiebel und das Gemüse in zerlassener Butter andünsten, das abgeseihte und abgetropfte Einkorn dazugeben und mit der Gemüsesuppe aufgießen.
4. Aufkochen lassen und bei geringer Hitze ca. 30 Minuten köcheln, bis das Einkorn weich ist.
5. Die Suppe mit dem Pürierstab schaumig aufmixen, die Petersilie waschen, hacken und mit der Crème fraîche in die Suppe einrühren, mit Salz und Pfeffer abschmecken.

Einkornnockerln

mit Ei und Speck

ZUTATEN FÜR 4 PORTIONEN

200 g Einkorn

100 ml Milch

1 Ei

½ TL Salz

1 Zwiebel

1 Bund Petersilie

200 g Bauchspeck

20 g Butter

2 Eier

1. Das Einkorn fein mahlen, mit der Milch, dem Ei und dem Salz zu einem Teig verrühren und ca. 30 Minuten rasten lassen.

2. In der Zwischenzeit die Zwiebel schälen und fein hacken, die Petersilie waschen und fein hacken.

3. Den Speck in dünne Streifen schneiden und mit der gehackten Zwiebel in der heißen Butter rösten.

4. In einem großen Topf reichlich Salzwasser zum Kochen bringen, den Teig auf ein nasses Brett geben und mit einem Messerrücken Nockerln abstechen, diese direkt ins Wasser gleiten und 5 Minuten köcheln lassen.

5. Die Nockerln abseihen und zum Zwiebel-Speck-Gemisch geben, gut vermengen.

6. Die Eier darüberschlagen und stocken lassen, abschmecken und mit der gehackten Petersilie bestreuen.

Einkorn mit Rindfleisch

und roten Bohnen

ZUTATEN FÜR 4 PORTIONEN

250 g Einkorn

500 ml Gemüsesuppe

350 g Rindfleisch

2 EL Öl

2 Zwiebeln

1 EL Paprikapulver

1 EL Tomatenmark

500 ml Gemüsesuppe

1 Zweig Thymian

Salz und Pfeffer

500 g rote Bohnen aus der Dose

1. Das Einkorn über Nacht einweichen, am nächsten Tag mit der Gemüsesuppe zustellen, aufkochen und ca. 20 Minuten köcheln lassen.

2. Das Rindfleisch in kleine Stücke schneiden und im erhitzten Öl scharf anbraten, herausnehmen und warm stellen.

3. Die Zwiebeln schälen, fein hacken und im Bratenrückstand rösten, danach die Hitze reduzieren, das Paprikapulver und das Tomatenmark einrühren, mit der Gemüsesuppe aufgießen.

4. Den Thymianzweig dazugeben und nach Geschmack mit Salz und Pfeffer würzen.

5. Die angebratenen Fleischstücke dazugeben und ca. 45 Minuten dünsten, nach Bedarf während des Dünstens Wasser zugießen.

6. Die roten Bohnen in ein Sieb geben, kurz unter fließendem Wasser abspülen, abtropfen lassen und mit dem Einkorn zum gedünsteten Fleisch geben, das Gericht noch 5 Minuten ziehen lassen, abschmecken und servieren.

Einkorn-Sauerkraut-Auflauf

(Rezeptfoto gegenüber)

ZUTATEN FÜR 4–6 PORTIONEN

250 g Einkorn

500 ml Gemüsesuppe

1 Zwiebel

4 Wacholderbeeren

Salz und Pfeffer

½ TL Kümmel, gemahlen

2 Lorbeerblätter

500 g Sauerkraut

2 Äpfel

250 ml Obers

100 g Bergkäse, fein gerieben

1. Das Einkorn über Nacht einweichen, dann abseihen und abtropfen lassen.
2. Die Gemüsesuppe in einen Topf geben, das Einkorn dazugeben und zum Kochen bringen, dann die Temperatur reduzieren.
3. Die Zwiebel schälen und in kleine Würfel schneiden, die Wacholderbeeren zerdrücken, beides mit Salz, Pfeffer, Kümmel und den Lorbeerblättern zum Einkorn geben.
4. Das Sauerkraut falls gewünscht etwas kleiner schneiden, ebenfalls zum Einkorn geben, umrühren und 15 Minuten mitköcheln, bei Bedarf mit etwas Suppe aufgießen.
5. Die Äpfel schälen, das Kerngehäuse entfernen, grob reiben und die geraspelten Äpfel mit der Einkorn-Sauerkraut-Masse vermischen.
6. Die Masse in eine befettete Auflaufform füllen, das Obers darübergießen, mit Bergkäse bestreuen und im vorgeheizten Backofen auf mittlerer Schiene bei 180 °C Oberhitze ca. 20 Minuten überbacken, aus dem Ofen nehmen und heiß servieren.

Einkornrisotto
mit Kohl

ZUTATEN FÜR 4 PORTIONEN

1 Zwiebel

250 g Champignons

500 g Kohl (Wirsing)

2 EL Rapsöl

Salz und Pfeffer

200 g Einkornreis

500 ml Gemüsesuppe

50 g getrocknete Tomaten in Öl

100 ml Obers

1 TL gemahlener Kümmel

1 Prise Muskatnuss

40 g Parmesan

1. Die Zwiebel schälen und in kleine Würfel schneiden, die Champignons putzen, waschen und je nach Größe halbieren oder vierteln.
2. Den Kohl putzen, waschen und in Streifen schneiden, 1 EL Öl erhitzen und die Zwiebelwürfel sowie die Champignons darin ca. 5 Minuten andünsten, mit Salz und Pfeffer würzen und in eine Schüssel geben.
3. Das restliche Öl erhitzen, den Kohl darin kurz rösten und den Einkornreis unterrühren, mit der Gemüsesuppe aufgießen, aufkochen lassen und bei reduzierter Hitze zugedeckt 20 Minuten dünsten.
4. Die Tomaten in einem Sieb abtropfen lassen und in kleine Würfel schneiden, die Pilz-Zwiebel-Masse mit dem Obers, den Tomatenstücken, dem Kümmel und der Muskatnuss unter die Einkorn-Kohl-Mischung rühren und noch 3 Minuten dünsten.
5. Den Parmesan hobeln und über den Risotto streuen.

GERSTE

Gerste gehört zu den frühen Kulturpflanzen des Menschen. Bei der Erwähnung von Gerste denkt man zunächst wahrscheinlich an den „Gerstensaft", das Bier. In der Tat wird die Gerste überwiegend zum Brauen verwendet. Ihr Gehalt an ß-Glucan (ein Ballaststoff) macht aber die Gerste auch als Zutat in anderen Speisen wertvoll. Gerstenprodukte eignen sich besonders für schmackhaft-rustikale Suppen und als Beilage für Saucengerichte.

Bei den Rezepten werden Gerste, Rollgerste und Gerstenschrot verarbeitet. Für Rollgerste werden die geschälten Gerstenkörner anschließend noch poliert (geschliffen). Die Garzeit für Rollgerste beträgt ca. 40 Minuten.

Gersten-Linsen-Suppe

ZUTATEN FÜR 4 PORTIONEN

100 g Rollgerste
50 g Linsen
1 Karotte
100 g Kartoffeln
1 kleine Zwiebel
2 Knoblauchzehen
30 g Butter
1 l Gemüsesuppe
50 g Porree
½ Bund Petersilie
3 Liebstöckelblätter
Kräutersalz und Pfeffer

1. Die Rollgerste und die Linsen über Nacht in 500 ml kaltem Wasser einweichen. Die Karotte und die Kartoffeln schälen, waschen und kleinwürfelig schneiden.
2. Die Zwiebel und den Knoblauch schälen, fein hacken und in der zerlassenen Butter anschwitzen, mit der Gemüsesuppe aufgießen, die Rollgerste und die Linsen (mit dem Einweichwasser) sowie das vorbereitete Gemüse dazugeben und so lange köcheln lassen, bis alle Zutaten weich sind.
3. Den Porree putzen, der Länge nach aufschneiden und unter fließendem Wasser waschen, danach in feine Streifen schneiden.
4. Petersilie und Liebstöckel waschen und fein hacken, die Porreestreifen und die gehackten Kräuter zu der Suppe hinzufügen und mit Kräutersalz und Pfeffer nach Geschmack würzen.

Bauerngerstlsuppentopf

ZUTATEN FÜR 4 PORTIONEN

1 kleine Zwiebel
1 Knoblauchzehe
150 g Wurzelwerk (Karotte, Sellerie, Petersilie, Porree)
40 g Butter
80 g Rollgerste
1,3 l Wasser
300 g Schweinsschulter
300 g Teilsames (Schinken)
Salz und Pfeffer
1 Prise Muskatnuss
½ Bund Schnittlauch

1. Die Zwiebel und den Knoblauch schälen und fein hacken, das Gemüse waschen, putzen und in feine Streifen schneiden, die Zwiebel, den Knoblauch und das Gemüse in der Butter andünsten.
2. Die Rollgerste dazugeben und mit dem Wasser aufgießen, die Schweinsschulter und das Teilsame einlegen und ca. 45 Minuten leicht köcheln, bis das Fleisch weich ist.
3. Das Fleisch herausnehmen, in Würfel schneiden und wieder in den Topf zurückgeben.
4. Die Suppe mit Salz, Pfeffer und Muskatnuss abschmecken, den Schnittlauch waschen und fein schneiden und die Suppe damit bestreuen.

Fruchtiges Gerstensteak

ZUTATEN FÜR 8–10 LAIBCHEN

600 ml Wasser

1 Lorbeerblatt

300 g Gerstenschrot

1 Blatt Liebstöckel

4 Pfirsichhälften

100 g Butterkäse

60 g Rohschinken

2 Eier

1 Knoblauchzehe

¼ TL Paprikapulver

1 TL Sojasauce

1 Prise Muskatnuss

Kräutersalz

Pfeffer

Semmelbrösel zum Wenden

Rapsöl zum Ausbacken

1. Das Wasser mit dem Lorbeerblatt aufkochen, den Gerstenschrot einrühren, den Herd ausschalten, den Gerstenschrot quellen und auskühlen lassen.

2. Das Liebstöckelblatt waschen und fein schneiden, die Pfirsiche in kleine Stücke schneiden, den Butterkäse grob raspeln, den Rohschinken in dünne Streifen schneiden und alles miteinander vermengen.

3. Den gequollenen Gerstenschrot mit den Eiern, dem fein gehackten Knoblauch und den Gewürzen vermengen, Laibchen formen und in Semmelbröseln wenden.

4. Die Laibchen in Rapsöl beidseitig braten, auf ein vorbereitetes Backblech legen und das Pfirsich-Schinken-Käse-Gemisch darauf verteilen, im vorgeheizten Backofen bei 170 °C ca. 10 Minuten überbacken.

UNSER SPEZIELLER TIPP

Servieren Sie zu den Gerstensteaks eine Sauce aus Joghurt, Sauerrahm, Kernöl und Salz. Wer die Kombination süß-pikant nicht mag, lässt einfach die Pfirsiche weg.

Gerstenrisotto

**ZUTATEN FÜR 2 PORTIONEN
(ALS HAUPTSPEISE) BZW.
4 PORTIONEN (ALS BEILAGE)**

100 g Rollgerste
½ rote Paprikaschote
½ grüne Paprikaschote
½ gelbe Paprikaschote
200 g Melanzani
50 g Blauschimmelkäse
20 g Butter
5 EL Weißwein
Salz und Pfeffer

1. Die Rollgerste in leicht gesalzenem Wasser ca. 40 Minuten weich kochen, abseihen, unter kaltem Wasser abschrecken und abtropfen lassen.
2. Die Paprikaschoten waschen, putzen und in kleine Würfel schneiden, die Melanzani waschen, schälen und kleinwürfelig schneiden, den Blauschimmelkäse grob reiben oder mit einer Gabel zerdrücken.
3. Die Gemüsewürfel in der Butter anschwitzen, den Weißwein dazugeben, kurz aufkochen lassen und die Rollgerste hinzufügen, den Käse unterheben und mit Salz und Pfeffer abschmecken.

Gerstenbrot

ZUTATEN FÜR 1 LAIB

100 g Rollgerste
160 g Gerste
140 g Weizenmehl
250 g Roggenmehl
200 g frischer Sauerteig (siehe S. 27)
600 ml Wasser
30 g Germ
3 TL Brotgewürz
15 g Salz

1. Im vorgeheizten Backofen bei 200 °C die auf einem Backblech verteilte Rollgerste ca. 15 Minuten rösten, bis sie sich färbt, danach überkühlen lassen und fein mahlen, die Gerste grob mahlen.

2. Das Weizen- und Roggenmehl, die fein gemahlene Rollgerste und die grob gemahlene Gerste mit dem Sauerteig, dem Wasser, der Germ, dem Brotgewürz und dem Salz vermengen, gut durchkneten und ca. 30 Minuten gehen lassen.

3. Den Teig zu einem Laib oder Wecken wirken (formen), diesen in einen bemehlten Gärkorb legen, nochmals ca. 30 Minuten gehen lassen.

4. Den Laib oder Wecken aus dem Gärkorb auf ein mit Backpapier belegtes Backblech stürzen, mit Wasser besprühen und das Brot im auf 240 °C vorgeheizten Backofen 10 Minuten backen, dann die Temperatur auf 210 °C reduzieren und ca. 50 Minuten fertig backen.

GRÜNKERN

Grünkern (bereits im Stadium der Teigreife geernteter Dinkel) zeichnet sich durch einen typischen, aromatischen, nussig-würzigen Geschmack aus. Im Handel wird Grünkern als ganzes Korn angeboten, aber auch als Schrot und Mehl. Grünkern eignet sich für schmackhafte Suppeneinlagen sowie für Laibchen, Aufläufe und Aufstriche.

Werden die Körner im Ganzen verwendet, sollen sie vor Verwendung in einem Sieb kalt abgespült werden. Den Grünkern in doppelter bis dreifacher Menge Flüssigkeit ca. 25 Minuten garen. Durch vorhergehendes Einweichen kann die Garzeit auf die Hälfte verkürzt werden.

Grünkernsuppe
mit Curryobers

ZUTATEN FÜR 4 PORTIONEN

1 kleine Karotte
50 g Sellerie
1 Kartoffel
100 g Porree
80 g Grünkernmehl
125 ml Wein
750 ml Gemüsesuppe
2 EL Kräuter (z. B. Liebstöckel, Petersilie, Schnittlauch)
Salz und Pfeffer
250 ml Obers
1 TL Currypulver

1. Die Karotte, den Sellerie und die Kartoffel schälen und kleinwürfelig schneiden, den Porree putzen, der Länge nach aufschneiden und unter fließendem Wasser Schicht für Schicht waschen und anschließend in Ringe schneiden.

2. In einem Topf das Grünkernmehl ohne Fett rösten, mit dem Wein ablöschen und mit der Gemüsesuppe aufgießen.

3. Das Gemüse hinzufügen und ca. 20 Minuten leicht köcheln lassen. danach mit dem Mixstab pürieren.

4. Mit gehackten Kräutern, Salz und Pfeffer nach Geschmack würzen, die Hälfte des Obers zugeben und unterrühren.

5. Die andere Hälfte des Obers steif schlagen und das Currypulver unterziehen, kurz vor dem Servieren je 1 EL Curryobers auf die Suppe setzen.

Grünkernsalat

nach griechischer Art

ZUTATEN FÜR 4 PORTIONEN

100 g Grünkern
200 ml Gemüsesuppe
1 gelbe Paprikaschote
1 mittelgroße Gurke
2 große Tomaten
1 kleine Zwiebel
1 Bund Schnittlauch
2 EL Kräuteressig
1 EL Wasser
4 EL Olivenöl
Kräutersalz
50 g grüne entkernte Oliven
50 g schwarze entkernte Oliven
150 g Schafkäse

1. Den gewaschenen Grünkern in der Gemüsesuppe zugedeckt 20 Minuten kochen und 10 Minuten quellen lassen.
2. Die Paprikaschote, die Gurke und die Tomaten waschen, putzen und in kleine Würfel schneiden.
3. Die Zwiebel schälen und in feine Ringe schneiden, den Schnittlauch waschen und fein schneiden.
4. Den Kräuteressig mit dem Wasser, dem Olivenöl, dem Kräutersalz und dem Schnittlauch verrühren.
5. Den Grünkern, das Gemüse und die Oliven mit der Marinade vermengen, den Schafkäse in Würfel schneiden und vorsichtig unterheben, vor dem Servieren mindestens 30 Minuten ziehen lassen.

Käsesuppe

mit Grünkernnockerln

ZUTATEN FÜR 4 PORTIONEN

Nockerln

150 g Grünkern

50 g Karotten

3 Scheiben Toastbrot

½ Bund Petersilie

40 g Butter

1 Eidotter

50 g Topfen

10 g Mehl

Suppe

1 kleine Zwiebel

250 g Schnittkäse (z. B. Bergbaron oder Gouda)

50 g Butter

125 ml Weißwein

250 ml Obers

600 ml Gemüsesuppe

Salz und Pfeffer

ev. Schnittlauch zum Garnieren

1. Für die Nockerln den Grünkern 2 Stunden in reichlich kaltem Wasser einweichen, anschließend ca. 20 Minuten kernig kochen, abseihen und überkühlen lassen.
2. Die Karotten waschen, schälen, kleinwürfelig schneiden und in wenig Wasser dünsten, das Toastbrot in Würfel schneiden, die Petersilie waschen und fein hacken.
3. Die Butter flaumig rühren, den Dotter, das Toastbrot und den Topfen unterrühren, den Grünkern, die Karotten, die Petersilie und das Mehl unterheben und 20 Minuten rasten lassen.
4. Für die Suppe die Zwiebel schälen und kleinwürfelig schneiden, den Käse reiben.
5. Die Zwiebel in der Butter anschwitzen, mit dem Wein ablöschen, das Obers und die Gemüsesuppe zugeben und auf ⅓ reduzieren, den Käse einrühren, in der Suppe schmelzen lassen, mit Salz und Pfeffer abschmecken und pürieren.
6. Aus der Grünkernmasse Nockerln formen, in reichlich kochendes Salzwasser einlegen und ca. 15 Minuten knapp unter dem Siedepunkt ziehen lassen.
7. Die Nockerln mit einem Siebschöpfer herausheben und mit der Käsesuppe servieren.

Grünkernsuppe

ZUTATEN FÜR 4 PORTIONEN

50 g Porree

1 kleine Zwiebel

1 kleine Karotte

70 g Grünkernschrot

800 ml Gemüsesuppe

Salz und Pfeffer

½ Bund Dill

1. Den Porree der Länge nach aufschneiden, unter fließendem Wasser Schicht für Schicht gründlich waschen und in feine Streifen schneiden.
2. Die Zwiebel schälen und fein hacken, die Karotte schälen, waschen und grob raspeln.
3. In einem Topf den Grünkernschrot ohne Fett unter ständigem Rühren anrösten, bis er duftet, mit der Gemüsesuppe aufgießen und das Gemüse unterrühren, mit Salz und Pfeffer würzen.
4. Die Suppe zugedeckt 15 Minuten köcheln lassen.
5. Vor dem Servieren den fein gehackten Dill über die Suppe streuen.

Chinakohlrouladen

ZUTATEN FÜR 4 PORTIONEN

Rouladen

500 ml Gemüsesuppe
250 g Grünkernschrot
30 g getrocknete Pilze • 250 ml Wasser
50 g Mandeln • 50 g Schnittkäse (z. B. Gouda)
750 g Chinakohl
1 Ei • Salz und Pfeffer
30 g Butter • 250 ml Gemüsesuppe

Sauce

1 EL Crème fraîche • 1 EL Maisstärke
Salz und Pfeffer

UNSER SPEZIELLER TIPP

Verwenden Sie große Chinakohlblätter. Die
Sauce lässt sich auch sehr gut mit Weißwein verfeinern. Statt 30 g getrockneten
Pilzen können Sie auch 100 g frische Pilze
nach Saison verwenden.

1. Die Gemüsesuppe in einem Topf zum Kochen bringen, den Grünkernschrot einrieseln lassen, ca. 30 Minuten lang köcheln und anschließend überkühlen lassen.

2. Die getrockneten Pilze im kalten Wasser einweichen, die Mandeln
   fein mahlen und den Käse reiben.

3. Die Blätter vom Chinakohl einzeln ablösen, unter fließendem Wasser gründlich waschen und 2 Minuten in kochendem Salzwasser
   blanchieren, die Pilze abseihen, das Einweichwasser auffangen.

4. Den überkühlten Grünkern, die gemahlenen Mandeln, die Pilze,
   das Ei und den geriebenen Käse gut verrühren und nach Geschmack mit Salz und Pfeffer würzen.

5. Diese Mischung auf den Chinakohlblättern verteilen und diese danach eng einrollen, die Rouladen ev. mit Zahnstochern fixieren.

6. In einer Pfanne die Butter erhitzen, die Chinakohlrouladen mit
   der Naht nach unten einlegen und anbraten, dann mit dem Einweichwasser der Pilze und nach Bedarf mit Gemüsesuppe aufgießen und zugedeckt ca. 20 Minuten schmoren lassen.

7. Für die Sauce die Crème fraîche mit der Maisstärke glatt rühren, in
   den Schmorsud der Rouladen geben, die Sauce damit binden und
   diese nach Geschmack mit Salz und Pfeffer abschmecken, nach
   Wunsch mit Schnittlauchröllchen
   garnieren.

Überbackene Grünkernknödel

ZUTATEN FÜR CA. 16 STÜCK

90 g Vollkornbrot

60 g Butter

300 g Grünkernschrot

600 ml Gemüsesuppe

3 Eier

80 g Weizengrieß

1 Prise Muskatnuss

2 EL frische, fein gehackte Kräuter
(Liebstöckel, Majoran, Petersilie ...)

Salz und Pfeffer

120 g Hartkäse (z. B. Emmentaler)

1. Das Vollkornbrot in sehr kleine Würfel schneiden und in 30 g Butter rösten, den Grünkernschrot in einem Topf mit der Gemüsesuppe vermengen, unter ständigem Rühren zu einem dicken Brei kochen und zugedeckt 10 Minuten nachquellen lassen.
2. Die restliche Butter, die Eier, den Grieß, die Brotwürfel, Muskatnuss und Kräuter gründlich mit der Grünkernmasse vermengen und nach Geschmack mit Salz und Pfeffer würzen, die Masse 30 Minuten ziehen lassen.
3. Mit nassen Händen kleine Knödel formen und in kochendes Salzwasser geben, 15–20 Minuten köcheln lassen.
4. Die Knödel aus dem Wasser nehmen, in eine leicht befettete Auflaufform setzen und mit dem geriebenen Käse bestreuen, im vorgeheizten Backofen bei 200 °C 5–10 Minuten gratinieren.

UNSER SPEZIELLER TIPP
Die Knödel können auch nach Belieben mit frisch gehackten Kräutern bestreut werden. Als Beilage empfehlen wir eine Pilzsauce oder köstlich marinierte Blattsalate.

Grünkernaufstrich
mit Haselnüssen

ZUTATEN FÜR CA. 400 G

150 ml Gemüsesuppe

50 g Grünkernschrot

1 kleine Zwiebel

1 Knoblauchzehe

30 g Butter

125 g Topfen

30 g Haselnüsse, fein gerieben

1 Zweig Majoran

1 Zweig Thymian

1 Prise Muskatnuss

Salz und Pfeffer

1. Die Gemüsesuppe aufkochen, den Grünkernschrot einrühren und ca. 15 Minuten köcheln lassen, vom Herd nehmen und zugedeckt noch etwa 10 Minuten quellen und überkühlen lassen.
2. Die Zwiebel und die Knoblauchzehe schälen, sehr fein würfeln und in der Butter anschwitzen.
3. Den Topfen mit dem Grünkernschrot, dem Zwiebel-Knoblauch-Butter-Gemisch, den Haselnüssen, den fein gehackten Kräutern und den Gewürzen verrühren und im Kühlschrank durchziehen lassen.

Grünkernbraten
mit Kräuterrahmsauce

ZUTATEN FÜR 4 PORTIONEN

2 kleine Zwiebeln

2 kleine Karotten

200 g Porree

50 g Butter

200 g Grünkernschrot

400 ml Gemüsesuppe

2 Eier

50 g Hartkäse (z. B. Emmentaler)

80 g Semmelbrösel

½ Bund Petersilie

1 Prise Muskatnuss

Salz und Pfeffer

Sauce

1 Zwiebel

1 TL Rapsöl

125 ml Gemüsesuppe

1 EL Butter

1 EL Weizenvollkornmehl

125 ml Obers

je ½ Bund Petersilie und Schnittlauch

1 Msp. getrockneter Kerbel

Salz und Pfeffer

1. Die Zwiebeln schälen und klein schneiden, die Karotten waschen, schälen und klein würfeln, den Porree der Länge nach aufschneiden und unter fließendem Wasser Schicht für Schicht gründlich waschen, in feine Streifen schneiden.
2. Die Butter erwärmen und den Grünkernschrot darin andünsten, das geschnittene Gemüse untermischen, mit der Gemüsesuppe aufgießen und aufkochen lassen, die Hitze reduzieren und unter mehrmaligem Umrühren ca. 15 Minuten köcheln lassen.
3. Danach den Herd ausschalten und die Masse 15 Minuten zugedeckt quellen lassen, vom Herd nehmen und erkalten lassen.
4. Die Eier, den geriebenen Käse, die Brösel und die gehackte Petersilie gut mit der Grünkernmasse vermengen und mit Muskatnuss, Salz und Pfeffer nach Geschmack würzen.
5. Aus der Masse einen Braten formen und in eine befettete Bratform geben, im vorgeheizten Backofen bei 190 °C ca. 40 Minuten garen.
6. Für die Sauce die fein gehackte Zwiebel im Öl andünsten, mit der Gemüsesuppe aufgießen und köcheln lassen.
7. Die kalte Butter mit dem Weizenvollkornmehl verkneten und in die warme Sauce einlegen, das Obers und die fein gehackten Kräuter einrühren und mit Salz und Pfeffer würzen.

Grünkernauflauf
mit Karfiol

ZUTATEN FÜR 4 PORTIONEN

200 g Grünkern
400 ml Gemüsesuppe
1 Karfiol
2 kleine Zwiebeln
50 g Butter
60 g Speck
Kräutersalz
½ TL Curry
1 Prise Cayennepfeffer
150 g aromatischer Hartkäse (z. B. Bergkäse)
3 Eier
125 ml Sauerrahm
1 Prise Muskatnuss

1. Den gewaschenen Grünkern in der Gemüsesuppe zugedeckt 20 Minuten kochen und 10 Minuten quellen lassen.
2. Den Karfiol putzen, in kleine Röschen teilen, waschen, in Salzwasser bissfest dünsten und abseihen.
3. Die Zwiebeln schälen, fein schneiden und in der Butter glasig dünsten, den Speck klein würfeln und anrösten.
4. Den Grünkern, die Karfiolröschen, die Speckwürfel und die Zwiebeln mit Kräutersalz, Curry und Cayennepfeffer abschmecken und in eine vorbereitete Auflaufform geben.
5. Den Käse fein reiben, die Eier mit dem Sauerrahm, etwas Kräutersalz und Muskatnuss verrühren, über den Auflauf gießen, mit dem Käse bestreuen und im vorgeheizten Backofen bei 200 °C ca. 45 Minuten backen.

UNSER SPEZIELLER TIPP
Statt des Karfiols kann man auch eine Mischung aus beliebigem Gemüse verwenden. Außerhalb der Gemüsesaison und um Zeit zu sparen, kann man statt frischen Gemüses tiefgekühltes verwenden.

Grünkernaufstrich

ZUTATEN FÜR CA. 450 G

200 ml Gemüsesuppe
100 g Grünkernschrot
1 Zweig Majoran
3 Blätter Basilikum
1 kleine Zwiebel
1 Knoblauchzehe
120 g Butter
Salz und Pfeffer

1. Die Gemüsesuppe aufkochen, den Grünkernschrot unter Rühren einrieseln lassen und zugedeckt ca. 15 Minuten köcheln lassen, dann den Topf vom Herd nehmen, die Masse zugedeckt noch etwa 20 Minuten quellen und überkühlen lassen.
2. Die Kräuter waschen und fein hacken, die Zwiebel und den Knoblauch schälen und fein hacken.
3. Die Butter flaumig rühren, den Grünkernschrot und alle übrigen Zutaten unterrühren, vor dem Servieren den Aufstrich etwas durchziehen lassen.

Hühnerbrüstchen

mit Grünkernkruste auf Oberssauce

ZUTATEN FÜR 4 PORTIONEN

4 Hühnerbrustfilets à ca. 150 g

Kräutersalz und Pfeffer

Rapsöl zum Anbraten

Kruste

30 g feiner Grünkernschrot

1 Zweig Thymian

5 Blätter Estragon

½ Bund Petersilie

50 g Schalotten

1 TL Butter

2 Eier • Saft von ½ Zitrone

Salz und Pfeffer

50 g Dinkelvollkornmehl

Sauce

20 g Butter • 20 g Dinkelvollkornmehl

125 ml Gemüsesuppe

125 ml Obers

Salz • ½ TL Kurkuma

1. Für die Kruste den Grünkernschrot in reichlich Wasser einweichen und ca. 30 Minuten quellen lassen.
2. Die Hühnerbrüstchen würzen und in heißem Öl auf beiden Seiten anbraten, danach in eine Auflaufform legen.
3. Die Kräuter waschen und fein hacken, die Schalotten schälen, fein hacken und in der Butter leicht anschwitzen.
4. Den Grünkernschrot abseihen, zugeben, kurz mitrösten und die Kräuter untermengen, dann vom Herd nehmen und kurz über- kühlen lassen. Die Eier trennen, die Eiklar zu Schnee schlagen, in die überkühlte Grünkernmasse die Eidotter und den Zitronensaft einrühren, mit Salz und Pfeffer würzen und den Eischnee abwech- selnd mit dem Dinkelvollkornmehl vorsichtig unterheben.
5. Diese Masse gleichmäßig auf den Hühnerbrüstchen verteilen, glatt streichen und im vorgeheizten Backofen bei 180 °C ca. 30 Minuten überbacken.
6. Für die Sauce die Butter zerlassen, das Dinkelvollkornmehl zuge- ben und alles kurz aufschäumen lassen, mit der Gemüsesuppe auf- gießen, aufkochen lassen, das Obers beigeben und mit Salz und Kurkuma würzen.
7. Die Hühnerbrüstchen aus dem Backofen nehmen, schräg in Schei- ben aufschneiden und auf einem Saucenspiegel anrichten.

Grünkernlaibchen

ZUTATEN FÜR 4 PORTIONEN

500 ml Gemüsesuppe
200 g Grünkernschrot
½ Bund Petersilie
1 Zweig Majoran
1 Blatt Liebstöckel
½ kleine Zwiebel
80 g Schnittkäse (z. B. Edamer)
1 Ei
Salz und Pfeffer

Rapsöl zum Braten

1. Die Gemüsesuppe aufkochen, den Grünkernschrot unter Rühren einrieseln lassen und zugedeckt ca. 10 Minuten köcheln lassen, danach den Topf vom Herd nehmen, zugedeckt noch etwa 15 Minuten quellen und überkühlen lassen.
2. Die Kräuter waschen und fein hacken, die Zwiebel schälen und fein hacken, den Käse klein würfeln.
3. Den Grünkernschrot mit den übrigen Zutaten vermengen und mit Salz und Pfeffer abschmecken.
4. Aus der Masse mit nassen Händen Laibchen formen und im heißen Rapsöl auf beiden Seiten braten.

Grünkerngugelhupf

ZUTATEN FÜR 1 GUGELHUPF (CA. 14 STÜCK)

200 g Grünkernmehl
100 g Weizenmehl oder Dinkelmehl
1 EL Backpulver
2 EL Kakao
1 TL Zimt, gemahlen
1 Prise Gewürznelken, gemahlen
120 g Schokolade
250 g Butter
150 g Staubzucker
1 EL Stärkemehl
4 Eidotter
1 Ei
4 Eiklar
100 g Rohrzucker
125 ml Rotwein

Butter und Mehl für die Form

1. Die Mehle mit dem Backpulver, dem Kakao, dem Zimt und dem Nelkenpulver vermischen.
2. Die Schokolade fein hacken, die Butter flaumig rühren, den Staubzucker und das Stärkemehl zugeben, nach und nach die Eidotter und das Ei einrühren.
3. Die Eiklar mit dem Rohrzucker zu steifem Schnee schlagen.
4. Die Mehlmischung, die Schokolade, den Rotwein und den Eischnee vorsichtig unter die Buttermasse heben.
5. Die Masse in eine befettete und bemehlte Gugelhupfform füllen und im vorgeheizten Backofen bei 180 °C ca. 45 Minuten backen.

Grünkernweckerln

mit Rosinen

ZUTATEN FÜR 12 STÜCK

200 g Grünkern
100 ml Wasser
300 g Dinkelmehl
20 g Germ
150 ml Milch
70 g Honig
70 g Butter (zimmerwarm)
1 Eidotter
7 g Salz
70 g Rosinen
70 g Müsli oder Getreideflocken

Getreideflocken zum Bestreuen

1. Vom Grünkern 150 g fein mahlen und 50 g schroten, den Grünkernschrot mit dem Wasser vermengen und ca. 15 Minuten quellen lassen.
2. Das Grünkernmehl mit dem Dinkelmehl in einer Schüssel vermischen, in der Mitte eine Mulde formen, die Germ einbröseln, mit 6 EL lauwarmer Milch und etwas Mehl verrühren und zugedeckt an einem warmen Ort stehen lassen, bis sich das Volumen der aufgelösten Germ verdoppelt hat.
3. Danach mit den restlichen Zutaten zu einem geschmeidigen Teig verkneten und ca. 30 Minuten an einem warmen Ort gehen lassen, bis das Teigvolumen sich verdoppelt hat.
4. Aus dem Teig Weckerln formen und auf dem mit Backpapier ausgelegten Backblech nochmals gehen lassen.
5. Das Gebäck mit Wasser bestreichen oder besprühen, mit Getreideflocken bestreuen und im vorgeheizten Backofen bei 200 °C ca. 20 Minuten backen.

UNSER SPEZIELLER TIPP
Die Grünkernweckerln mit Rosinen liefern für einen bevorstehenden Sporttag oder eine Wanderung viel Energie.

HAFER

Hafer kann als Spelzgetreide und als Nackthafer kultiviert werden. Die Besonderheit von Nackthafer ist, dass bei der Ernte die Spelze bereits abfällt und die Körner anschließend nicht mehr entspelzt werden müssen.

Hafer hat von allen Getreidearten den höchsten Fettgehalt und wird deshalb schneller ranzig. Er ist reich an wasserlöslichen Ballaststoffen, die beim Kochen einen Schleim bilden. Haferschleim fördert die Verdauung und wird bei Magenverstimmungen und bei Durchfall eingesetzt.

Haferflocken sind das wohl bekannteste Haferprodukt. Aus Hafergrütze bzw. grobem Haferschrot kann man Suppen und Breie zubereiten. Extrudierter (gepuffter) Hafer ist Bestandteil von Frühstücksgetreideerzeugnissen. Hafermehl wird zur Herstellung von Säuglingsnahrung und Kinderfertigbreigerichten industriell verwertet.

Als Hafermark bezeichnet man sehr kleine Haferflocken. Es eignet sich besonders gut für Müsli, zum Backen und zum Binden von Saucen.

Ganze Haferkörner sollen vor Verwendung in einem Sieb kalt abgespült und in eineinhalbfacher bis doppelter Menge Flüssigkeit ca. 25 Minuten gegart werden. Hafer braucht grundsätzlich nicht eingeweicht zu werden.

Haferflockennockerln

ZUTATEN FÜR 4 PORTIONEN

80 g Haferflocken
125 ml Milch
Salz
1 Prise Muskatnuss
1 Ei

1. Die Haferflocken in einer trockenen Pfanne rösten, bis sie duften, mit der Milch aufgießen, unter Rühren 5 Minuten köcheln, ca. 10 Minuten quellen lassen und anschließend überkühlen lassen.
2. Die Masse mit Salz und Muskatnuss abschmecken und das Ei unterrühren.
3. Anschließend kleine Nockerln oder Knöderln formen und in leicht kochendem Salzwasser 10 Minuten ziehen lassen.

UNSER SPEZIELLER TIPP
Diese Einlage ist sowohl für klare Suppen als auch für Gemüsecremesuppen hervorragend geeignet.

Grüne Haferflockensuppe

ZUTATEN FÜR 4 PORTIONEN

20 g Haferflocken

500 ml Gemüsesuppe

1 Prise Muskatnuss

Pfeffer (frisch gemahlen)

1 Knoblauchzehe

200 g Spinat (frisch oder tiefgekühlt)

100 ml Obers

1. Die Haferflocken in der Gemüsesuppe mit den Gewürzen und dem fein gehackten Knoblauch ca. 5 Minuten kochen lassen.
2. Den blanchierten bzw. aufgetauten Spinat fein schneiden, das Obers cremig aufschlagen und unter den vorbereiteten Spinat mischen.
3. Die Spinat-Obers-Masse mit einem Schneebesen in die heiße Suppe einrühren, abschmecken und sofort servieren.

Haferflockensuppe

ZUTATEN FÜR 4 PORTIONEN

250 g Wurzelwerk (Karotten, Pastinaken, Sellerie)

80 g Haferflocken

3 TL Rapsöl

1,25 l Gemüsesuppe

1 Prise Muskatnuss

Kräutersalz

½ Bund Petersilie

1. Das Wurzelwerk schälen, waschen und in feine Streifen (Julienne) schneiden.
2. Die Haferflocken im Öl rösten, bis sie duften, und mit der Gemüsesuppe aufgießen.
3. Das Wurzelwerk zugeben, mit Muskatnuss und Kräutersalz würzen und 10 Minuten köcheln lassen.
4. In der Zwischenzeit die Petersilie waschen, fein hacken und die Suppe damit verfeinern.

Haferknödel
mit Tomatensauce

ZUTATEN FÜR 4 PORTIONEN

Knödel

350 g Nackthafer

500 ml Gemüsesuppe

½ Bund Petersilie

½ Bund Schnittlauch

100 g Schnittkäse (z. B. Gouda)

1 kleine Zwiebel

20 g Butter

50 g Semmelwürfel

2 Eier

Kräutersalz

Sauce

1 mittlere Zwiebel

2 Knoblauchzehen

600 g Tomaten

40 g Olivenöl

125 ml Gemüsesuppe

Salz und Pfeffer

Zucker

6 Basilikumblätter

etwas Zimt

Rotweinessig

1. Den Nackthafer fein schroten, in die kochende Gemüsesuppe einrühren, 10 Minuten kochen und dann quellen lassen.
2. Die Kräuter waschen und fein hacken, den Käse fein reiben, die Zwiebel schälen, fein hacken und in der Butter leicht anschwitzen, in einer Schüssel sämtliche Knödelzutaten gut vermischen.
3. Aus der Masse mit nassen Händen Knödel formen und in gesalzenem Wasser ca. 20 Minuten leicht köcheln lassen.
4. Für die Sauce die Zwiebel und die Knoblauchzehen schälen und fein hacken, die Tomaten würfelig schneiden.
5. Die Zwiebel und den Knoblauch in Olivenöl anschwitzen, mit der Gemüsesuppe aufgießen, die Tomaten dazugeben, mit Salz, Pfeffer sowie einer Prise Zucker würzen und ca. 20 Minuten leicht köcheln lassen.
6. Die Basilikumblätter waschen und fein schneiden, die Tomatensauce mit dem Pürierstab fein pürieren, das Basilikum dazugeben und die Sauce mit etwas Zimt und einem Spritzer Essig abschmecken.

Fruchtiger Hafersalat

ZUTATEN FÜR 4 PORTIONEN

300 g Nackthafer
500 ml Gemüsesuppe
½ TL getrockneter Liebstöckel
2 EL Walnüsse
3 kleine, säuerliche Äpfel
1 Karotte
3 EL Hüttenkäse

Marinade

½ Zitrone
1 TL Honig
150 g Sauerrahm
2 EL Öl
1 Bund Petersilie
Salz und Pfeffer

1. Den Nackthafer mit der Gemüsesuppe und dem Liebstöckel 25 Minuten leicht kochen und nachquellen lassen.
2. In der Zwischenzeit die Walnüsse hacken und die Äpfel waschen, entkernen und in kleine Würfel schneiden, die Karotte waschen, schälen und grob reiben.
3. Für die Marinade die Zitrone auspressen und mit dem Honig, dem Sauerrahm, dem Öl, der fein gehackten Petersilie, Salz und Pfeffer gut verrühren.
4. Den Nackthafer, die Walnüsse, die Äpfel, die Karotten und den Hüttenkäse mit der Marinade vermengen.

Hafer-Käse-Schöberln

ZUTATEN FÜR 4 PORTIONEN

30 g Schnittkäse (z. B. Gouda)
40 g Butter
1 Prise Salz
2 Eidotter
4 EL Hafermark
80 ml Milch
1 EL Maisstärke
2 Eiklar

1. Den Käse fein reiben, die Butter flaumig rühren und mit Salz und den Eidottern schaumig rühren.
2. Das Hafermark, die Milch und die Maisstärke einrühren.
3. Die Eiklar zu Schnee schlagen und gemeinsam mit dem Käse unter den Abtrieb heben.
4. Die Masse daumendick auf ein vorbereitetes Backblech streichen und im vorgeheizten Backofen bei 190 °C ca. 15 Minuten backen.
5. Die Schöberln überkühlen lassen und in kleine Rechtecke schneiden, in heißer klarer Rind- oder Gemüsesuppe servieren.

Überbackene Haferpalatschinken

mit Spinatfülle

ZUTATEN FÜR 4 PORTIONEN

Palatschinken

110 g Hafermehl
40 g Weizenmehl
1 TL Salz
3 Eier
350 ml Milch
150 ml Wasser
Öl zum Backen

Fülle

1 kleine Zwiebel
2 Knoblauchzehen
50 g Butter
600 g tiefgekühlter Blattspinat oder
1 kg frischer Blattspinat
1 Prise Muskatnuss
Salz und Pfeffer
2 EL Sauerrahm

Zum Überbacken

60 g Bergkäse
2 Eier
125 ml Obers

1. Das Hafermehl, das Weizenmehl und das Salz mit den Eiern verrühren und nach und nach die Milch und das Wasser einrühren, so lange rühren, bis der Teig glatt und ohne Klümpchen ist, danach den Teig mindestens 30 Minuten quellen lassen.
2. In einer Pfanne wenig Öl erhitzen und dünne Palatschinken backen.
3. Für die Fülle die Zwiebel und die Knoblauchzehen schälen und fein hacken, in der erhitzten Butter glasig anschwitzen.
4. Den aufgetauten bzw. blanchierten frischen Spinat dazugeben, alles kurz dünsten lassen, mit Muskatnuss, Salz und Pfeffer abschmecken und etwas überkühlen lassen.
5. In der Zwischenzeit den Bergkäse reiben, die Eier mit dem Obers und dem Käse versprudeln.
6. In die überkühlte Spinatmasse den Sauerrahm einrühren, die Palatschinken mit der Fülle bestreichen und zusammenschlagen.
7. In eine befettete Auflaufform einschichten, mit dem Käse-Eier-Obers-Gemisch bedecken und im vorgeheizten Backofen bei 200 °C ca. 20 Minuten backen.

Hafer-Kren-Aufstrich

ZUTATEN FÜR CA. 300 G

1 kleine Zwiebel

100 ml Gemüsesuppe

50 g Butter

50 g Hafervollkornmehl

1 EL geriebener Kren

50 g Joghurt

ca. 1 EL Kürbiskernöl

Kräutersalz

1. Die Zwiebel schälen und fein hacken, die Gemüsesuppe aufkochen, die Butter zugeben und die Zwiebel zugedeckt darin kurz dünsten.
2. Den Topf vom Herd nehmen und das Hafervollkornmehl einrühren.
3. Den Kren und das Joghurt untermischen und mit Kernöl und Kräutersalz abschmecken.

Flocken-Kresse-Aufstrich

ZUTATEN FÜR CA. 250 G

1 Tasse Kresse

1 Essiggurkerl

2 EL Haferflocken

2 EL Dinkelflocken

200 g Hüttenkäse

3 EL Crème fraîche

Kräutersalz und Pfeffer

1 Knoblauchzehe

1. Die Kresse abschneiden und waschen, das Essiggurkerl fein hacken.
2. Die Getreideflocken mit dem Hüttenkäse, der Crème fraîche, dem Essiggurkerl und zwei Dritteln der Kresse in einer Schüssel gut vermengen und 15 Minuten im Kühlschrank ziehen lassen.
3. Den Aufstrich mit Kräutersalz, Pfeffer und dem gepressten Knoblauch würzen und mit der restlichen Kresse bestreuen.

Süßer Haferflockenauflauf

ZUTATEN FÜR 4 PORTIONEN

750 ml Milch

1 Prise Salz

250 g feine Haferflocken

2 Eiklar

50 g Butter

80 g Staubzucker

½ Packung Vanillezucker

2 Eidotter

Butter und Semmelbrösel für die Form

1. Die Milch mit einer Prise Salz aufkochen, die Haferflocken einrühren und unter ständigem Rühren ca. 10 Minuten zu einem dicken Brei einkochen, danach abkühlen lassen.
2. Die Eiklar zu Schnee schlagen, die Butter mit dem Staub- und dem Vanillezucker flaumig rühren.
3. Nach und nach die Eidotter dazugeben und gut schaumig rühren.
4. Die abgekühlte Haferflockenmasse in diesen Abtrieb einrühren und den Schnee vorsichtig unterheben.
5. Eine Auflaufform mit Butter ausstreichen und mit Bröseln bestreuen, die Masse in die Form füllen und im vorgeheizten Backofen bei 200 °C ca. 50 Minuten backen.
6. Vor dem Servieren mit Staubzucker bestreuen.

UNSER SPEZIELLER TIPP

Zum Haferflockenauflauf können Sie ein Früchtekompott Ihrer Wahl servieren.

Süße Haferflockenwaffeln

ZUTATEN FÜR 4 PORTIONEN

100 g feine Haferflocken

100 g Weizenmehl

1 TL Trockengerm

250 ml Milch

30 g Butter

2 EL Honig

2 Eidotter

Saft und abgeriebene Schale von

½ Zitrone (unbehandelt)

2 Eiklar

1. Die Haferflocken, das Weizenmehl und die Trockengerm mischen, die Milch leicht erwärmen, die Butter hineingeben, schmelzen lassen und den Honig einrühren.
2. Die Mehlmischung mit dieser Flüssigkeit gut verrühren und ca. 30 Minuten quellen lassen.
3. Die Eidotter, die Zitronenschale und den Zitronensaft unter den Teig mengen.
4. Die Eiklar zu einem cremigen Schnee schlagen und vorsichtig unter den Teig mischen.
5. Im Waffeleisen nach Herstellerangaben Waffeln backen.

UNSER SPEZIELLER TIPP

Für diese Waffeln können Sie anstelle der Zitronenschale und des Zitronensaftes 1 TL Zimt verwenden. Waffeln schmecken ganz frisch am besten.

Haferflockenschmarren
mit Birnenkompott

ZUTATEN FÜR 4 PORTIONEN

150 g Haferflocken
150 g Weizenvollkornmehl
3 Eidotter
300 ml Milch
½ Vanilleschote
3 Eiklar
50 g Zucker
1 Prise Salz
100 g getrocknete Datteln
60 g Butter
Staubzucker zum Bestreuen

1. Die Haferflocken mit dem Weizenvollkornmehl, den Eidottern und der Milch zu einem glatten Teig rühren.
2. Die Vanilleschote aufschneiden und das Mark mit einem Messer herausschaben, ebenfalls unter den Teig mischen und diesen ca. 30 Minuten rasten lassen.
3. Die Eiklar mit dem Zucker und dem Salz zu Schnee schlagen und vorsichtig unter den Teig heben, die Datteln abspülen und klein schneiden.
4. Die Butter in einer Pfanne oder Auflaufform zerlassen, den Teig ca. 2 cm hoch eingießen, die Datteln darüberstreuen und im vorgeheizten Backofen bei 180 °C backen.
5. Nach ca. 8 Minuten wenden und weitere 8 Minuten backen, anschließend den Schmarren mit zwei Gabeln in mundgerechte Stücke zerreißen und mit dem Staubzucker bestreuen.

UNSER SPEZIELLER TIPP
Der Schmarren schmeckt besonders gut mit Kompott. Sie können aber auch Fruchtsaucen dazu servieren.

Knuspermüsli

ZUTATEN FÜR 4 PORTIONEN

100 g Haselnüsse
100 g Weizen oder Dinkel
40 g Honig
100 g Haferflocken
60 g Sonnenblumenkerne
60 g Kokosflocken
20 g Amarant
50 ml Apfelsaft
20 ml Öl

1. Die Haselnüsse grob reiben und den Weizen oder Dinkel grob schroten. Den Honig etwas erwärmen und verflüssigen (sollte dieser zu fest sein).
2. Alle Zutaten in einer Schüssel vermengen und die Masse auf einem vorbereiteten Backblech locker verteilen. Im vorgeheizten Backofen bei 130 °C ca. 30 Minuten rösten.

UNSER SPEZIELLER TIPP
Nach dem Rösten kann das Knuspermüsli noch mit getrockneten Früchten verfeinert werden.

Müsliriegel

ZUTATEN FÜR CA. 20 STÜCK

60 g Butter
100 g Trockenfrüchte
50 g Haselnüsse
150 g Haferflocken
100 g Mandelblättchen
50 g Kürbiskerne, ungesalzen
30 g Sonnenblumenkerne
30 g Sesam
30 g Leinsamen
30 g Amarant
60 g Zucker
100 g Honig

1. Die Butter schmelzen, die Trockenfrüchte fein schneiden und die Haselnüsse grob hacken.
2. Alle Zutaten gut vermischen und 30 Minuten ziehen lassen.
3. Die Masse auf ca. zwei Drittel des mit Backpapier ausgelegten Backblechs 1 cm hoch aufstreichen und im vorgeheizten Backofen bei 160 °C 15–20 Minuten backen.
4. Anschließend überkühlen lassen und in Riegel schneiden.

UNSER SPEZIELLER TIPP
Anstelle der Haferflocken können Sie auch eine Flockenmischung verwenden. Optisch besonders ansprechend werden die Müsliriegel, wenn sie an beiden Enden in etwas geschmolzene Schokolade getunkt werden oder die Unterseite damit bestrichen wird.

Porridge

ZUTATEN FÜR 4 PORTIONEN

50 g Beerenobst
1 kleiner Apfel
500 ml Milch
100 g feine Haferflocken
etwas Honig

1. Das Beerenobst vorbereiten, den Apfel schälen und kleinwürfelig schneiden. Die Milch und die Haferflocken in einen Topf geben und aufkochen lassen. Das Porridge immer wieder umrühren und ein paar Minuten köcheln lassen.
2. Sobald die gewünschte Konsistenz erreicht ist, das Obst unterrühren und noch 1 Minute weiter köcheln lassen. Nach Belieben mit Honig süßen und warm zum Frühstück reichen.

UNSER SPEZIELLER TIPP
Die Früchte können je nach Saison variieren. Kirschen, Feigen oder Bananen schmecken im Porridge sehr gut, auch Trockenfrüchte wie Cranberrys oder Rosinen können hinzugefügt werden. Zusätzlich kann das Gericht mit Obers, Nüssen oder Sonnenblumenkernen verfeinert werden.

HIRSE

Hirse ist für die Welternährung das bedeutendste Getreide, denn ihre verschiedenen Arten sind die wichtigsten Grundnahrungsmittel in Afrika, dem Vorderen Orient und in Indien. Die Rispenhirse wurde früher auch in Österreich, besonders lange in der Steiermark, angebaut. Teilweise wird das Getreide schon geschält importiert und wegen der goldgelben Farbe unter dem Namen Goldhirse vermarktet.

Hirse enthält reichlich Eisen, Magnesium und Kieselsäure. Im Handel ist Hirse vorwiegend als ganzes geschältes Korn und in Form von Hirseflocken erhältlich. Hirse verleiht den Speisen einen feinwürzigen Geschmack. Sie eignet sich als Beilage zu Gerichten, lässt sich aber auch für Suppen, Aufläufe und Breie gut verwenden.

Die Körner vor dem Kochen in einem Sieb unter fließendem, heißem Wasser abspülen.

Hirse quillt beim Kochen stärker auf, als man dies vom Reis gewohnt ist, und braucht deswegen mehr Wasser. Bei Hirse beträgt das Mengenverhältnis 1 Teil Hirse auf 2,5 Teile Wasser, bei Reis 1 : 2. Die Garzeit beträgt ca. 25 Minuten.

Hirsenockerln

ZUTATEN FÜR 4 PORTIONEN

40 g Butter
120 g Topfen
1 Eidotter
1 Prise Muskatnuss
Salz und Pfeffer
4 EL fein gemahlenes Hirsemehl
1 Eiklar

1. Die Butter flaumig rühren und den Topfen, den Eidotter, die Gewürze und das Hirsemehl einrühren.
2. Diese Masse ca. 30 Minuten stehen lassen, danach das Eiklar steif schlagen und unter die Masse heben.
3. Kleine Nockerln formen und in leicht kochendem Salzwasser 10–15 Minuten ziehen lassen.

UNSER SPEZIELLER TIPP

Die Hirsenockerln schmecken sowohl in einer kräftigen Rindsuppe als auch in einer Cremesuppe ausgezeichnet.

Hirsesalat

ZUTATEN FÜR 4 PORTIONEN

125 g Hirse

300 ml Gemüsesuppe

5 EL Weißweinessig

1 TL Senf

Salz

2 EL Sonnenblumenöl

3 EL Olivenöl

100 g Porree oder Frühlingszwiebeln

1 rote Paprikaschote

1. Die Hirse in ein Sieb geben und gründlich heiß abspülen, die Gemüsesuppe aufkochen, die Hirse darin ca. 20 Minuten bei schwacher Hitze kochen und zugedeckt auf der ausgeschalteten Platte ausquellen lassen, anschließend mit einer Gabel auflockern.
2. Währenddessen den Essig mit dem Senf und dem Salz vermischen, 60 ml Wasser und die Öle einrühren, diese Mischung mit der Hirse vermengen.
3. Den Porree gründlich waschen und in Ringe schneiden (bzw. die Frühlingszwiebeln schälen und in dünne Ringe schneiden), die Paprikaschote waschen, putzen und in Würfel oder Streifen schneiden.
4. Alles unter die marinierte Hirse mischen und nochmals abschmecken.

UNSER SPEZIELLER TIPP

Wenn Sie der Gemüsesuppe ½ TL Kurkuma (Gelbwurz) hinzufügen und darin die Hirse kochen, erhält der Salat nicht nur eine besondere Geschmacksnote, sondern auch eine frische, gelbe Farbe.

Wer möchte, kann auch Rucola hinzufügen.

Hirseauflauf mit Champignons

ZUTATEN FÜR 4 PORTIONEN

80 g Hirse
200 ml Milch
½ TL Salz
150 g Porree
350 g Champignons
2 EL Rapsöl
½ Bund Petersilie
1 kleiner Zweig Thymian
4 Eiklar
4 Eidotter
80 g Butter
Salz und Pfeffer

1. Die Hirse heiß abspülen, die Milch mit Salz aufkochen, die Hirse einrühren und ca. 1 Minute lang kochen, die Hitze reduzieren und die Masse zugedeckt ca. 15 Minuten dünsten, die Herdplatte ausschalten und 20 Minuten quellen lassen.
2. In der Zwischenzeit den Porree putzen, der Länge nach aufschneiden, Schicht für Schicht unter fließendem Wasser gründlich waschen und in feine Ringe schneiden.
3. 200 g Champignons putzen, waschen, trocken tupfen und blättrig schneiden, den Porree und die Champignons im Öl sautieren.
4. Die Kräuter waschen, trocken tupfen und fein hacken, die Eiklar zu steifem Schnee schlagen.
5. Die Eidotter mit 50 g Butter flaumig rühren, in diesen Abtrieb die überkühlte Hirse und die überkühlte Porree-Champignon-Mischung rühren und mit Petersilie, Salz und Pfeffer würzen.
6. Den Eischnee unter diese Mischung heben und alles in eine befettete und mit Semmelbröseln ausgestreute Auflaufform geben, im vorgeheizten Backofen bei 170 °C ca. 40 Minuten backen.
7. Währenddessen die restlichen Champignons putzen, waschen, trocken tupfen und je nach Größe halbieren oder vierteln, in der restlichen Butter sautieren und mit Thymian, Salz und Pfeffer abschmecken, vor dem Servieren über den Auflauf geben.

Hirsestrudel

ZUTATEN FÜR 2 STRUDEL

Fülle

120 g Hirse
200 ml Milch
1 kleine Zwiebel
2 TL Rapsöl
1 kleine Karotte
2 Eiklar
40 g Butter
2 Eidotter
4 EL Kräuterfrischkäse
2 EL Gouda, grob gerieben
Salz
1 EL frische Petersilie, fein gehackt
1 TL frischer Rosmarin, fein gehackt
200 g Strudelteigblätter (für 2 Strudel)
20 g Butter zum Bestreichen

1. Die Hirse heiß abspülen und in die kochende Milch einrühren, etwa 5 Minuten kochen, vom Herd nehmen, zugedeckt ca. 15 Minuten quellen und auskühlen lassen.
2. Die Zwiebel schälen, fein hacken und im Öl glasig dünsten, die Karotte waschen, putzen und grob reiben.
3. Die Eiklar zu steifem Schnee schlagen, die Butter flaumig rühren, Eidotter und Kräuterfrischkäse einrühren.
4. Die Hirse in den Abtrieb mengen, die Karotte, den Käse und die Zwiebel einrühren und mit Salz sowie den Kräutern abschmecken, dann den Eischnee vorsichtig unterheben.
5. Die Strudelteigblätter nach Packungsanweisung vorbereiten und füllen, auf ein befettetes Backblech geben und mit zerlassener Butter bestreichen.
6. Bei 190 °C im vorgeheizten Backofen ca. 25 Minuten backen.

UNSER SPEZIELLER TIPP
Als Hauptspeise eignet sich der Hirsestrudel mit einer pikanten Sauce. Eine schnelle und sehr gut passende Sauce zum Strudel erhalten Sie, wenn Sie 250 ml Joghurt, 250 ml Sauerrahm, 1 EL fein geschnittene Petersilie, etwas Knoblauch, Salz und Pfeffer miteinander verrühren.

Hirseknödel

mit Pilzen

ZUTATEN FÜR 12 KNÖDEL

200 g Hirse

350 ml Milch • 150 ml Obers

40 g Butter

100 g Austernpilze

Salz und Pfeffer

80 g Schnittkäse (z. B. Gouda)

1 Ei

2 EL Mehl • 1 Prise Muskatnuss

½ Bund Schnittlauch oder Petersilie

UNSER SPEZIELLER TIPP

Statt frischer Austernpilze können Sie auch eine tiefgekühlte Pilzmischung verwenden. Etwas aufgeschäumte Butter und frische Blattsalate vollenden dieses Gericht!

1. Die Hirse heiß abspülen, die Milch mit dem Obers und 20 g Butter aufkochen, die Hirse einrühren.
2. Bei geringer Hitze ca. 15 Minuten dünsten, während dieser Zeit mehrmals umrühren.
3. Danach die Masse vom Herd nehmen und zugedeckt ca. 15 Minuten quellen lassen.
4. In der Zwischenzeit die Pilze putzen, waschen, klein schneiden und in der restlichen Butter anschwitzen, mit Salz und Pfeffer abschmecken und abkühlen lassen.
5. Reichlich Wasser zum Kochen bringen und salzen, währenddessen den Käse fein reiben.
6. Das Ei und das Mehl unter die Hirsemasse mengen und mit Salz und Muskatnuss abschmecken.
7. Anschließend die Pilze und den Käse vorsichtig unterheben.
8. Mit nassen Händen aus der Masse 12 Knödel formen und im leicht wallenden Salzwasser ca. 12 Minuten köcheln lassen.
9. Schnittlauch oder Petersilie waschen und fein schneiden, die Knödel mit einem Siebschöpfer vorsichtig aus dem Wasser heben und mit Schnittlauch oder Petersilie bestreut servieren.

Pikante Hirselaibchen

ZUTATEN FÜR 12 STÜCK

| 80 g Hirse |
| 200 ml Gemüsesuppe |
| 50 g Schinken |
| ½ Bund Petersilie |
| 1 kleine Zwiebel |
| 20 g Butter |
| 100 g Topfen |
| 1 Ei |
| ½ TL getrockneter Majoran |
| Kräutersalz und Pfeffer |

| Mehl zum Binden |
| Rapsöl zum Braten |

1. Die Hirse heiß abspülen, in der Gemüsesuppe ca. 25 Minuten weich kochen, dann gut abkühlen lassen.
2. In der Zwischenzeit den Schinken klein würfeln, die Petersilie waschen und klein schneiden.
3. Die Zwiebel schälen, fein hacken, mit dem gewürfelten Schinken in der Butter anschwitzen und mit der Hirse, dem Topfen, dem Ei, den Kräutern und den Gewürzen gut vermischen (ist diese Masse zu weich, etwas Mehl zugeben).
4. Aus der Masse mit nassen Händen 12 Laibchen formen und im heißen Öl auf beiden Seiten goldbraun braten, auf Küchenpapier abtropfen lassen.

UNSER SPEZIELLER TIPP
Zu den Laibchen passt sehr gut mit Rahm verfeinertes Wurzelgemüse oder eine Tomatensauce.

Hirsespätzle
mit Gemüsesugo

ZUTATEN FÜR 4 PORTIONEN

Spätzle

150 g Hirsemehl

150 g Weizenvollkornmehl

100 ml Milch

3 Eier

1 TL Kräutersalz

1 Prise Muskatnuss

30 g Butter zum Schwenken

Sugo

1 kleine Zwiebel • 2 Knoblauchzehen

250 g Gemüse der Saison

(z. B. Paprikaschoten, Sellerie)

1 Zweig Oregano

etwas Basilikum

2 EL Sonnenblumenöl

4 EL Tomatenmark

1 EL Mehl • 250 ml Gemüsesuppe

Kräutersalz und Pfeffer

2 EL Crème fraîche

1. Das Hirse- und das Weizenvollkornmehl mit der Milch, den Eiern, Kräutersalz und Muskatnuss vermengen, den Teig ca. 30 Minuten stehen lassen.
2. In der Zwischenzeit für das Sugo die Zwiebel und den Knoblauch schälen und fein schneiden, das Gemüse waschen, putzen und in Streifen schneiden, die Kräuter waschen und fein hacken.
3. In einer Pfanne das Sonnenblumenöl erhitzen, die Zwiebel und den Knoblauch darin anschwitzen, das zerkleinerte Gemüse und das Tomatenmark zugeben, kurz mitrösten und mit dem Mehl stauben, danach mit der Gemüsesuppe aufgießen und mit Oregano, Kräutersalz und Pfeffer würzen.
4. Alles aufkochen lassen, die Hitze reduzieren, gut durchrühren und kurz köcheln lassen, bis das Gemüse bissfest ist, das Sugo abschmecken und mit der Crème fraîche und dem Basilikum verfeinern.
5. Für die Spätzle reichlich Wasser aufkochen, salzen und den Teig durch ein Spätzlesieb in das Wasser einkochen, dabei ab und zu umrühren.
6. Sobald die Spätzle an der Oberfläche schwimmen, noch 2 Minuten köcheln lassen, abseihen und in einer Pfanne in der zerlassenen Butter schwenken, dann sofort mit dem Gemüsesugo servieren.

Süßer Hirseauflauf

mit Schneehaube

ZUTATEN FÜR 4 PORTIONEN

Auflauf

180 g Hirse
500 ml Milch
Salz
60 g Butter
½ Vanilleschote
abgeriebene Schale von ½ Zitrone (unbehandelt)
3 Eiklar
2 kleine Äpfel
3 Eidotter
3 EL Honig
50 g geschälte Mandeln, fein gerieben

Schneehaube

3 Eiklar
3 EL Zucker
2 EL Kokosflocken
1 TL Staubzucker

1. Die Hirse heiß abspülen, die Milch mit dem Salz, der Butter, der halben Vanilleschote und der abgeriebenen Zitronenschale aufkochen.
2. Die Vanilleschote entfernen, die Hirse einrühren und auf kleiner Stufe ca. 35 Minuten dünsten, dabei ab und zu umrühren.
3. Die Hirsemasse gut auskühlen lassen, in der Zwischenzeit die Eiklar zu steifem Schnee schlagen, die Äpfel waschen, schälen, entkernen und in kleine Würfel schneiden.
4. Die Eidotter mit dem Honig schaumig rühren, die Hirsemasse und die geriebenen Mandeln einmengen und den Eischnee vorsichtig unterziehen.
5. Die Hälfte der Masse in eine befettete Auflaufform füllen, die Apfelwürfel darüberstreuen und mit der restlichen Hirsemasse bedecken.
6. Bei 170 °C im vorgeheizten Backofen ca. 30 Minuten backen.
7. Für die Schneehaube die Eiklar und den Zucker zu festem Schnee schlagen und die Kokosflocken untermengen.
8. Nach 20 Minuten Backzeit die Schneemasse mit einem Spritzsack auf den Auflauf dressieren und mit dem Staubzucker bestreuen, anschließend fertig backen, bis der Schnee goldbraun ist.

Hirse-Obers-Creme

ZUTATEN FÜR 4 PORTIONEN

1 Vanilleschote
80 g Hirsemehl
200 ml Wasser
50 g Haselnüsse
20 g Honig
20 g Nougat
1 EL Cointreau
150 ml Obers

1. Die Vanilleschote der Länge nach aufschneiden und das Mark mit einem kleinen Messer auskratzen.
2. Das Hirsemehl mit dem Wasser und dem Vanillemark aufkochen und etwa 2 Minuten köcheln lassen, den Herd ausschalten und weitere 10 Minuten nachquellen lassen.
3. Die Haselnüsse fein reiben und in einer Pfanne ohne Fett rösten, bis sie duften.
4. Honig, Nougat, Haselnüsse und Cointreau unter die noch warme Hirsemasse rühren und vollständig auskühlen lassen.
5. Das Obers steif schlagen und zwei Drittel davon vorsichtig unter die Hirsecreme ziehen.
6. Die Creme in Dessertschalen anrichten und mit dem restlichen Obers verzieren.

UNSER SPEZIELLER TIPP

Wenn Sie das Wasser durch Milch ersetzen, erhalten Sie eine noch feinere Creme. Bei der Verzierung der Creme sind Ihrer Phantasie keine Grenzen gesetzt: Blutorangenspalten, Granatapfelkerne oder frische Beeren passen geschmacklich und optisch hervorragend zu diesem Dessert.

Fruchtiger Hirsekuchen

mit Topfen

ZUTATEN FÜR 1 KUCHEN (CA. 14 STÜCK)

120 g Butter

100 g Staubzucker

1 EL Vanillezucker

1 Prise Salz

5 Eidotter

2 EL Rum

30 g Vanillepuddingpulver

120 g Topfen

5 Eiklar

1 Prise Salz

120 g Hirsevollmehl

1 EL Backpulver

60 g Haselnüsse, gerieben

60 g Aranzini (Orangeat), gewürfelt

Butter und Mehl für die Form

1. Die Butter flaumig rühren, den Staubzucker, den Vanillezucker und das Salz zugeben, nach und nach die Eidotter und den Rum, zuletzt das Puddingpulver und den Topfen unterrühren.
2. Die Eiklar mit Salz zu steifem Schnee schlagen, das Hirsevollmehl mit dem Backpulver vermischen und abwechselnd mit dem Eischnee, den Nüssen und den Aranzini vorsichtig unter die Buttermasse heben.
3. Die Masse in eine befettete und bemehlte Kastenform füllen und im vorgeheizten Backofen bei 180 °C 30–40 Minuten backen.

KAMUT

Kamut ist eine alte, mit dem Hartweizen verwandte Getreideart. Die Körner sind größer als beim Weizen und haben auch einen höheren Eiweiß-, Fett-, Mineralstoff- und Vitamin-E-Gehalt. Kamut wird meist zu Mehl vermahlen verwendet und eignet sich gut zur Herstellung von Teigwaren, kann aber genau wie Weizen zum Backen verwendet werden.

Kamutbrot

ZUTATEN FÜR 2 LAIBE

600 g Kamut
400 g Roggenvollkornmehl
42 g Germ
150 g frischer Sauerteig (siehe S. 27)
ca. 700 ml Wasser
2 EL Rapsöl
2 EL Brotgewürz
20 g Salz

1. Den Kamut fein mahlen und mit dem Roggenvollkornmehl vermischen.
2. Die Germ und den Sauerteig in 350 ml lauwarmem Wasser auflösen, mit den restlichen Zutaten zu einem mittelfesten Teig kneten und ca. 40 Minuten an einem warmen Ort bis zum doppelten Volumen gehen lassen.
3. Den Teig halbieren, jede Hälfte rund wirken und mit dem Schluss nach unten auf ein mit Backpapier ausgelegtes Backblech setzen.
4. Die Brotlaibe mit lauwarmem Wasser bestreichen und ca. 40 Minuten ruhen lassen.
5. Die Brote vor dem Backen mit einer Gabel mehrmals anstechen.
6. Im vorgeheizten Backofen bei 240 °C zunächst 5 Minuten backen, anschließend die Hitze auf 190 °C reduzieren und die Laibe noch ca. 60 Minuten fertig backen.

Kamutravioli

mit drei verschiedenen Füllungen

ZUTATEN FÜR 6–8 PORTIONEN

Teig

200 g Kamutmehl
1 Ei • 3 Eidotter • 1 EL Öl • ½ TL Salz

Spinat-Topfen-Fülle

100 g Topfen (10 % F. i. Tr.)
100 g Blattspinat, blanchiert
100 g Parmesan, fein gerieben
1 Ei • 1 EL Semmelbrösel
Salz, Pfeffer, Muskatnuss und Paprikapulver

Tomaten-Mozzarella-Fülle

150 g Tomatenwürfel (aus der Dose)
200 g Mozzarella • 50 g Rucola
10 Basilikumblätter • 1 EL Pinienkerne
1 TL Tomatenmark
1 TL glattes Mehl • Salz und Pfeffer
Oregano • Kümmel, gemahlen

Champignon-Zwiebel-Fülle

150 g Champignons • 100 g Jungzwiebeln
1 Knoblauchzehe
1 EL Butter • 100 g Parmesan
1 TL Thymian • 1 EL Weizengrieß
Salz und Pfeffer

Butter und Olivenöl zum Schwenken
Parmesan zum Bestreuen

1. Die Zutaten für den Teig am besten mit der Küchenmaschine kneten, zu einer glatten Kugel formen, mit Frischhaltefolie zudecken und mindestens 30 Minuten kühl rasten lassen.
2. Für die Spinat-Topfen-Fülle den Topfen in eine geeignete Schüssel geben und mit dem Schneebesen glatt rühren, Spinat klein schneiden und mit den restlichen Zutaten dazugeben, würzen und gut vermischen, abschmecken und kalt stellen.
3. Für die Tomaten-Mozzarella-Fülle die Tomatenwürfel in eine Schüssel geben, Mozzarella, Rucola und Basilikumblätter klein schneiden und in die Schüssel zu den Paradeisern geben, Pinienkerne trocken in einer Pfanne rösten, danach klein hacken und dazugeben, Tomatenmark und das Mehl dazugeben und vermischen, würzen und nochmals durchmischen, abschmecken und kalt stellen.
4. Für die Champignon-Zwiebel-Fülle die Champignons sowie Zwiebeln putzen und klein schneiden, Knoblauch schälen und ganz fein schneiden, die Butter in einer Pfanne erhitzen, Champignons, Zwiebeln und Knoblauch darin so lange dünsten, bis alle Flüssigkeit verdunstet ist, vom Herd nehmen und auskühlen lassen, die restlichen Zutaten dazugeben und würzen, gut vermischen und abschmecken.
5. Auf einer leicht bemehlten Arbeitsfläche den Teig mit einer Nudelmaschine zu 3 mm dünnen Bahnen ausrollen (Bild 1).
6. Mit einem runden Ausstecher von 6–8 cm Durchmesser Kreise aus dem Teig ausstechen.
7. Alle drei Füllen mit einem Teelöffel oder einem Spritzbeutel in die Mitte der Kreise platzieren (Bild 2).
8. Die Kreise zu Halbmonden zusammenklappen (Bild 3), mit einer Gabel den Rand fest zusammendrücken (Bild 4).
9. Ravioli in das kochende Salzwasser einlegen, aufsteigen lassen und mit Deckel 5 Minuten ziehen lassen.
10. Butter und Olivenöl in einer Pfanne erhitzen, Ravioli aus dem Wasser heben, abtropfen lassen und anschließend in der Pfanne schwenken, auf vorgewärmten Tellern anrichten und mit Parmesan bestreut servieren.

UNSER SPEZIELLER TIPP

Den übrig gebliebenen Teig am besten noch einmal mit der Nudelmaschine ausrollen, den Teig zu Suppen- oder Bandnudeln schneiden, danach einfrieren oder trocknen.

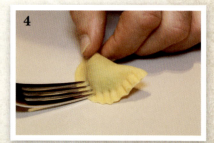

MAIS

Mais wird bei uns vor allem zu Stärke, Grieß (Polenta), Cornflakes (das amerikanische Wort „corn" deutet stets darauf hin, dass es sich um Maisprodukte handelt) und Popcorn verarbeitet. Bei der Herstellung von Cornflakes, Maisstärke und Maismehlerzeugnissen wird der Keimling entfernt, denn er würde aufgrund seines Fettgehaltes zu einem raschen Ranzigwerden führen. Aus den Maiskeimen wird Maiskeimöl gewonnen.

Polentasuppe mit roten Bohnen

ZUTATEN FÜR 4 PORTIONEN

1 kleine Zwiebel
20 g Butter
60 g Maisgrieß (Polenta)
1 EL Essig
1 l Gemüsesuppe
100 ml Obers
Salz
1 Prise Muskatnuss
200 g rote Bohnen aus der Dose
40 g Kürbiskerne
1 TL Kürbiskernöl

1. Die Zwiebel schälen, fein hacken und in der Butter anschwitzen, den Maisgrieß zugeben und unter Rühren kurz rösten, mit dem Essig ablöschen, mit der Gemüsesuppe aufgießen und 10 Minuten unter Rühren köcheln.
2. Den Topf von der Herdplatte nehmen und das Obers in die nicht mehr kochende Suppe einrühren, mit Salz und Muskatnuss abschmecken, die Suppe mit einem Stabmixer kräftig aufschlagen.
3. Die roten Bohnen abseihen, mit kaltem Wasser kurz abschwemmen und in die Suppe geben, die Suppe nochmals erwärmen.
4. Die Kürbiskerne in einer Pfanne trocken rösten, bis sie duften, und über die angerichtete Suppe streuen, das Kürbiskernöl über die Suppe träufeln.

Polenta-Kräuternockerln

in Brokkolischaumsuppe

ZUTATEN FÜR 4 PORTIONEN

Nockerln

125 ml Milch
60 g Maisgrieß (Polenta)
½ kleine Zwiebel
20 g Butter
1 Zweig Dill
½ Bund Petersilie
1 Ei
Salz und Pfeffer
1 Prise Muskatnuss

Suppe

250 g Brokkoli
1 kleine Zwiebel
20 g Butter
30 g Weizenmehl
100 ml Weißwein
750 ml Gemüsesuppe
125 ml Obers

1. Für die Nockerln die Milch zum Kochen bringen, den Maisgrieß einrieseln lassen und rühren, bis sich die Masse vom Kochtopf löst, den Topf mit der Grießmasse von der Herdplatte nehmen und auskühlen lassen.
2. Die Zwiebel schälen, fein hacken und in der Butter hell dünsten, die Kräuter waschen und fein schneiden.
3. Für die Suppe den Brokkoli putzen, in Röschen teilen und waschen.
4. Die Zwiebel schälen, fein hacken und in der Butter anschwitzen, mit dem Mehl stauben und mit dem Weißwein und der Gemüsesuppe aufgießen.
5. Die Brokkoliröschen zugeben und weich kochen.
6. In die abgekühlte Polentamasse das Ei, die Kräuter und die gehackte Zwiebel gut einmengen, mit Salz, Pfeffer und Muskatnuss würzen und mit zwei Teelöffeln kleine Nockerln formen.
7. Diese in leicht wallendem Salzwasser ca. 10 Minuten ziehen lassen.
8. Anschließend die Suppe mit dem Mixstab pürieren, das Obers zugeben und aufmixen.
9. Die fertigen Polentanockerln in der Brokkoli-Schaumsuppe servieren.

Polenta mit Gemüse
und Butter

ZUTATEN FÜR 4 PORTIONEN

400 g Maisgrieß (Polenta)

½ TL getrockneter Majoran

1,1 l Gemüsesuppe

1 Prise Muskatnuss

1 TL Curry

Salz

600 g Gemüse nach Saison

50 g Butter

1. Den Maisgrieß und den Majoran in die kochende Gemüsesuppe einrühren und unter ständigem Rühren ca. 10 Minuten zu einem dicken Brei kochen, mit Muskatnuss, Curry und Salz abschmecken.
2. Den Topf auf der ausgeschalteten Herdplatte stehen lassen und den Maisgrieß ca. 20 Minuten quellen lassen.
3. Das Gemüse waschen, putzen, in kleine Stücke schneiden und dünsten oder in wenig Öl knackig braten.
4. Die Butter schmelzen und über den angerichteten Maisgrieß und das Gemüse geben.

UNSER SPEZIELLER TIPP
Dieses Gericht eignet sich besonders für die schnelle Küche.

Polentaauflauf

ZUTATEN FÜR 4 PORTIONEN

1 l Gemüsesuppe

300 g Maisgrieß (Polenta)

2 kleine Zucchini

Olivenöl

400 g Tomaten

1 Zwiebel

3 Knoblauchzehen

500 g Faschiertes

100 ml Weißwein

1 Bund Petersilie

1 Zweig Oregano

1 Zweig Thymian

Salz und Pfeffer

250 g Mozzarella

100 g Gouda, gerieben

1. Die Gemüsesuppe aufkochen, den Maisgrieß einrieseln lassen und unter ständigem Rühren 5–10 Minuten leicht köcheln lassen.
2. Zwei Drittel der Polentamasse in eine befettete Auflaufform geben und glatt streichen, ein Drittel der Masse in der Größe der Auflaufform auf einen Bogen Backpapier streichen.
3. Die Zucchini waschen, der Länge nach dünn aufschneiden und in etwas Olivenöl beidseitig anbraten, dann auf der Polentamasse in der Auflaufform verteilen.
4. Die Tomaten blanchieren, schälen und würfelig schneiden.
5. Die Zwiebel und den Knoblauch schälen, fein schneiden und gemeinsam mit dem Faschierten in wenig Öl anbraten.
6. Danach die Tomatenwürfel und den Weißwein zugeben und bei geringer Hitze 15 Minuten köcheln lassen, mit den fein gehackten Kräutern, Salz und Pfeffer abschmecken.
7. Die Hälfte der Fleischsauce auf den Zucchinischeiben in der Auflaufform verteilen, mit dem in Scheiben geschnittenen Mozzarella belegen, die restliche Fleischsauce daraufgeben und ein Drittel des Goudas darüberstreuen.
8. Den auf dem Backpapier vorbereiteten „Polentadeckel" darauflegen.
9. Den Auflauf mit dem restlichen Gouda bestreuen und im vorgeheizten Backofen bei 190 °C ca. 40 Minuten backen.

UNSER SPEZIELLER TIPP
Sie können natürlich auch gleich die gesamte Polentamasse in die Auflaufform geben und die übrigen Zutaten in Schichten daraufgeben.

Polentapizza

**ZUTATEN FÜR 1 BACKBLECH
(CA. 4 PORTIONEN)**

300 ml Milch

450 ml Gemüsesuppe

1 Knoblauchzehe, geschält und fein gehackt

1 TL Kurkuma

Salz

1 Prise Muskatnuss

180 g Maisgrieß (Polenta)

60 g Parmesan, gerieben

Belag

400 g Mangold

120 g Schinken

150 g Gouda

10 Cocktailtomaten

½ grüne Paprikaschote

½ scharfer Pfefferoni

1. Die Milch und die Gemüsesuppe mit dem Knoblauch, Kurkuma, Salz und Muskatnuss aufkochen.
2. Den Maisgrieß einrieseln lassen und bei ausgeschalteter Herdplatte zugedeckt 15 Minuten quellen lassen, anschließend den Parmesan in die Masse einrühren.
3. In der Zwischenzeit für den Belag den Mangold waschen, blanchieren, ausdrücken und in ca. 3 cm breite Streifen schneiden.
4. Den Schinken in Streifen schneiden und den Gouda reiben.
5. Die Cocktailtomaten, die Paprikaschote und den Pfefferoni waschen, die Cocktailtomaten halbieren, die Paprikaschote und den Pfefferoni in Streifen schneiden.
6. Die Polentamasse auf ein mit Backpapier ausgelegtes Backblech ca. 1 cm dick rechteckig verstreichen.
7. Den Mangold, die Cocktailtomaten, die Paprika- und Pfefferonistreifen, den Schinken und den Gouda auf der Pizza verteilen und im vorgeheizten Backofen bei 200 °C ca. 15 Minuten backen.

Polentaknödel

mit Käsefüllung

ZUTATEN FÜR 4 PORTIONEN

200 ml Milch
420 ml Gemüsesuppe
50 g Butter
250 g Maisgrieß (Polenta)
1 Knoblauchzehe
2 Eier
Salz und Pfeffer
½ Bund Petersilie
100 g schnittfester Schafkäse
100 g Kürbiskerne oder Semmelwürfel

1. Die Milch und die Gemüsesuppe mit der Butter erhitzen, den Maisgrieß unter ständigem Rühren einrieseln lassen und so lange bei geringer Temperatur köcheln lassen, bis ein dicker Brei entstanden ist, diesen von der Herdplatte nehmen und überkühlen lassen.
2. Den Knoblauch schälen und fein hacken, mit den Eiern unter die Grießmasse rühren und mit Salz und Pfeffer würzen.
3. Die Petersilie waschen und fein hacken, den Schafkäse kleinwürfelig schneiden und in der fein gehackten Petersilie wälzen.
4. Die Polentamasse in 8 oder 12 gleich große Stücke teilen, mit nassen Händen flach drücken, in die Mitte die Käsewürfel legen und Knödel formen.
5. Reichlich Salzwasser aufkochen und die Knödel darin ca. 10 Minuten leicht wallend ziehen lassen.
6. Die Knödel aus dem Wasser heben, gut abtropfen lassen, mit den gehackten Kürbiskernen oder den gerösteten Semmelwürfeln bestreuen und z. B. mit Tomatensauce (siehe S. 100) servieren.

UNSER SPEZIELLER TIPP

Probieren Sie eine Gorgonzola-Nuss-Fülle, formen Sie daraus eher kleine Knödel und servieren Sie diese als Vorspeise mit einem **Fenchel-Trauben-Kompott**.
2 Fenchelknollen putzen, die grünen Blätter beiseitelegen, die Fenchelknollen in Scheiben schneiden.
2 EL Olivenöl in einer beschichteten Pfanne erhitzen, die Fenchelscheiben kurz andünsten, mit 125 ml Wasser aufgießen, mit Salz, Pfeffer, Saft von ½ Zitrone und 1 Msp. Korianderpulver würzen und 6–8 Minuten dünsten.
Anschließend 200 g halbierte Weintrauben noch einige Minuten mitdünsten, mit den zarten grünen Fenchelblättern anrichten.

Italienische Polenta

ZUTATEN FÜR 1 BACKBLECH

250 g Maisgrieß
1 l Wasser
Salz

1. Den Maisgrieß unter Rühren in das kochende Salzwasser einrieseln lassen, bei schwacher Hitze 5 Minuten unter ständigem Rühren leicht köcheln lassen. Dann auf dem ausgeschalteten Herd ca. 20–30 Minuten ausquellen lassen.
2. Polenta 1 cm dick auf ein Backblech streichen und abkühlen lassen, danach in nicht zu große Stücke schneiden.

UNSER SPEZIELLER TIPP

Dieses klassische Polentagericht passt als Beilage zu vielen Gerichten. Die Polentastücke können vor dem Servieren auch noch in Butter knusprig gebraten werden.

Maisbrot mit Oliven
und getrockneten Tomaten

ZUTATEN FÜR 2 LAIBE

250 g Maisgrieß (Polenta)

500 ml Wasser

70 g Oliven

50 g getrocknete Tomaten

30 g Germ

ca. 200 ml Wasser

1 Prise Zucker

250 g Weizenvollkornmehl

4 EL Olivenöl

1 TL Salz

1. Den Maisgrieß im Wasser unter ständigem Rühren aufkochen lassen, die Hitze reduzieren, 10 Minuten quellen und überkühlen lassen.
2. Die Oliven und die Tomaten kleinwürfelig schneiden, die Germ in 100 ml lauwarmem Wasser mit dem Zucker auflösen.
3. Das Mehl mit dem Maisbrei und den übrigen Zutaten zu einem glatten Teig verkneten, diesen ca. 30 Minuten an einem warmen Ort gehen lassen, dann nochmals durchkneten und zwei Laibe formen.
4. Im vorgeheizten Backofen bei 180 °C ca. 45 Minuten backen.

Polentaschnitten

ZUTATEN FÜR 4 PORTIONEN

300 ml Gemüsesuppe

20 g Butter

1 Lorbeerblatt

1 Prise Salz

130 g Maisgrieß (Polenta)

1 Ei

Butter für das Backblech

1. Die Gemüsesuppe mit der Butter, dem Lorbeerblatt und dem Salz aufkochen, den Maisgrieß einrieseln lassen und unter ständigem Rühren ca. 5 Minuten leicht köcheln lassen.
2. Den Topf mit der Grießmasse von der Herdplatte nehmen, das Lorbeerblatt entfernen und die Polenta auskühlen lassen.
3. Das Ei in die abgekühlte Masse einrühren, auf ein befettetes Backblech streichen (ca. 1 cm dick) und im vorgeheizten Backofen bei 180 °C 10 Minuten backen.
4. Die gebackene Polentamasse nach Belieben in Rechtecke oder Rauten schneiden.

UNSER SPEZIELLER TIPP

Die Polentaschnitten bieten sich auch als Blickfang für ein kaltes Buffet an. Dafür die noch warme Masse in beliebige Formen schneiden oder mit einem kleinen Ausstecher unterschiedliche Formen ausstechen und diese nach dem Auskühlen mit Parmaschinken, Mozzarella, Oliven, Cocktailtomaten etc. belegen.

Polentalaibchen
mit Porreesauce

ZUTATEN FÜR 4 PORTIONEN

Laibchen

300 g Maisgrieß (Polenta)

750 ml Gemüsesuppe

1 Zwiebel

200 g Schinken

40 g Butter

200 g Topfen

60 g Hartkäse (z. B. Emmentaler)

Salz und Pfeffer

Petersilie

Semmelbrösel

Rapsöl

Sauce

1 kleine Zwiebel

Rapsöl

250 ml Gemüsesuppe

250 ml Obers

½ Zitrone

Salz und Pfeffer

1 mittlere Stange Porree

1. Den Maisgrieß in die kochende Gemüsesuppe einrieseln lassen, kurz aufkochen und bei ausgeschalteter Herdplatte zugedeckt 15 Minuten quellen lassen.
2. In der Zwischenzeit die Zwiebel schälen und fein hacken, den Schinken klein schneiden und beides in der Butter anschwitzen, mit dem Topfen, dem geriebenen Käse und dem Maisgrieß vermengen, mit Salz, Pfeffer und fein gehackter Petersilie nach Geschmack würzen.
3. Sollte die Masse zu weich sein, mit Semmelbröseln festigen, mit nassen Händen aus der Masse Laibchen formen.
4. Für die Porreesauce die Zwiebel schälen, fein hacken, in Rapsöl anschwitzen und mit der Gemüsesuppe aufgießen, dann das Obers zugeben und zu einer sämigen Sauce reduzieren.
5. Die Zitrone auspressen und gemeinsam mit Salz und Pfeffer zur Sauce geben.
6. Den Porree putzen, der Länge nach aufschneiden und unter fließendem Wasser die einzelnen Schichten gründlich waschen, danach in feine Streifen schneiden und in leicht gesalzenem Wasser kurz kochen.
7. Den Porree abseihen, unter fließendem, kaltem Wasser abschrecken, gut abtropfen lassen und in die Sauce einrühren.
8. Die Laibchen in Semmelbröseln wenden, in heißem Rapsöl auf beiden Seiten goldbraun braten, abtropfen lassen und gemeinsam mit der Sauce servieren.

Polenta-Apfel-Torte

**ZUTATEN FÜR 1 SPRINGFORM
(26 CM DURCHMESSER,
CA. 12 STÜCK)**

420 ml Milch

1 Prise Salz

1 ½ Packungen Vanillezucker

abgeriebene Schale von ½ Zitrone
(unbehandelt)

1 Prise Nelkenpulver

etwas Zimt

120 g Maisgrieß (Polenta)

4 Eier

60 g Kristallzucker

40 g Staubzucker

60 g Mandeln, fein gerieben

3 große Äpfel

30 g Butter

1. Die Milch mit dem Salz, dem Vanillezucker, der Zitronenschale, dem Nelkenpulver und etwas Zimt aufkochen, den Maisgrieß einrieseln lassen, vom Herd nehmen und überkühlen lassen.

2. Die Eier trennen, die Eiklar mit dem Kristallzucker zu Schnee schlagen, die Eidotter mit dem Staubzucker schaumig rühren.

3. Die Dottermasse mit der Polentamasse gut verrühren, den Eischnee und die Mandeln locker unterziehen, ein Drittel der Masse in eine befettete Tortenform füllen.

4. Die gewaschenen Äpfel schälen, das Kerngehäuse entfernen und fein hobeln, die Hälfte der Apfelscheiben auf der Polentamasse verteilen, mit einem weiteren Drittel der Polentamasse bedecken und mit Apfelscheiben belegen.

5. Anschließend mit dem restlichen Drittel der Polentamasse bedecken, glatt streichen und mit Butterflocken belegen.

6. Die Torte bei ca. 170 °C im vorgeheizten Backofen ca. 45 Minuten backen.

Apfel-Zimt-Waffeln

ZUTATEN FÜR CA. 10–12 STÜCK

1 kleiner Apfel
110 g weiche Butter
100 g Staubzucker
1 Prise Salz
3 Eier
180 g Maisstärke
1 TL Backpulver
½ TL Zimt
1 Msp. Nelkenpulver

1. Den Apfel waschen, entkernen und fein reiben, die Butter mit dem Staubzucker und dem Salz flaumig rühren, die Eier nach und nach dazugeben.
2. Die Maisstärke mit dem Backpulver, dem Zimt und dem Nelkenpulver vermischen und unter den Abtrieb rühren.
3. Zum Schluss den geriebenen Apfel untermengen und die Masse im vorgeheizten Waffeleisen backen.
4. Vor dem Servieren eventuell mit Staubzucker bestreuen.

Süßer Polentaauflauf
mit Zwetschken

ZUTATEN FÜR
1 GROSSE AUFLAUFFORM ODER
FÜR 4 KLEINE FÖRMCHEN

1 l Milch
abgeriebene Schale von 1 Zitrone (unbehandelt)
1 Msp. Zimt
1 Prise Salz
150 g Kristallzucker
1 TL Vanillezucker
200 g Maisgrieß (Polenta)
3 Eier
350 g Zwetschken
Butter für die Form
Staubzucker zum Bestreuen

1. Die Milch mit der Zitronenschale, dem Zimt, dem Salz, dem Kristallzucker und dem Vanillezucker aufkochen.
2. Den Maisgrieß einrieseln lassen und unter Rühren ca. 3 Minuten köcheln lassen.
3. Den Topf vom Herd nehmen, überkühlen lassen und dann die Eier einrühren, die Masse in eine befettete Auflaufform geben.
4. Die Zwetschken entkernen, halbieren oder vierteln und auf der Polentamasse verteilen.
5. Im vorgeheizten Backofen bei 180 °C ca. 40 Minuten goldbraun backen.
6. Mit Staubzucker bestreut servieren.

Polentapudding

ZUTATEN FÜR 4 PORTIONEN

400 ml Milch
Salz
1 Prise Muskatnuss
20 g Butter
100 g Maisgrieß (Polenta)
3 Eier

Butter und Semmelbrösel für die Formen

*UNSER SPEZIELLER TIPP

Wenn Sie keine speziellen Dampfpudding-formen haben, können Sie auch kleine Souffléformen oder hitzebeständige Kaffeetassen verwenden.

1. Die Milch mit Salz, Muskatnuss und der Butter aufkochen, den Maisgrieß einrieseln lassen und bei niedriger Temperatur unter ständigem Rühren ca. 5 Minuten leicht köcheln lassen.

2. Den Topf mit der Grießmasse von der Herdplatte nehmen und aus-kühlen lassen.

3. Mehrere kleine Dampfpuddingformen* mit flüssiger Butter aus-streichen und mit Semmelbröseln ausstreuen.

4. Die Eier trennen, Eiklar zu steifem Schnee schlagen, die Dotter unter die Grießmasse rühren, den Eischnee vorsichtig unterheben und die Förmchen ca. zu drei Vierteln füllen.

5. Im Dampfgarer oder im vorgeheizten Backofen bei 160 °C im Was-serbad (tiefes Backblech zur Hälfte mit Wasser füllen) 25–30 Minu-ten garen, danach aus den Förmchen stürzen und gleich servieren.

QUINOA

Quinoa hat eine besonders hohe ernährungs-physiologische Qualität. Im Vergleich zu Weizen enthält sie mehr Ballaststoffe, Kalzium, Magnesium, Eisen und hat wie Amarant eine bessere Eiweißzusammensetzung. In der Schale der nur 1,5 bis 2 mm großen Samen finden sich jedoch bitter schmeckende Saponine, die die Verdaulichkeit beeinträchtigen. Deshalb sollte man die Quinoa vor dem Kochen in ein engmaschiges Sieb geben und unter fließendem, heißem Wasser gründlich abspülen. Mittlerweile gibt es jedoch auch bereits gewaschene Quinoa zu kaufen.

Die Deutsche Gesellschaft für Ernährung rät grundsätzlich bei Kindern unter zwei Jahren von Quinoaspeisen ab, da nicht auszuschließen sei, dass Saponine noch in Spuren vorhanden sind.

Zum Garen von Quinoa die doppelte Flüssigkeitsmenge verwenden. Zunächst bei starker Hitze aufkochen, dann die Temperatur reduzieren, zudecken und ca. 15–20 Minuten garen. Gekochte Quinoa ist von weicher, aber dennoch körniger Beschaffenheit. Geeignet ist Quinoa auch für Frühstücks- und Snack-Produkte, Müsli und Müsliriegel.

Quinoa kann nach dem Waschen und anschließendem Trocknen auf einem Geschirrtuch in einer Pfanne mit wenig Öl 1–2 Minuten geröstet werden, so erhält sie einen nussigen, herzhaften Geschmack.

Quinoamehl ist in einer Beimischung von bis zu 20 % der gesamten Mehlmenge auch für die Herstellung von Kuchen, Brot und Teigwaren geeignet.

Bunte Quinoapfanne

ZUTATEN FÜR 4 PORTIONEN

200 g Quinoa
700 ml Gemüsesuppe
300 g Hühnerbrust
½ Bund Petersilie
1 Zweig Thymian
1 Zwiebel
2 EL Rapsöl
125 ml Wasser
1 Msp. Kümmel, gemahlen
Salz
250 g Tiefkühlmischgemüse (oder 250 g Gemüse nach Saison, geputzt, geschält und in kleine Stücke geschnitten)
½ Tasse Kresse

1. Die Quinoa in einem Sieb mit heißem Wasser abspülen, in einem Topf die Gemüsesuppe aufkochen, die Quinoa dazugeben und bei reduzierter Hitze zugedeckt ca. 15 Minuten köcheln lassen, danach die übrige Gemüsesuppe abgießen.
2. Die Hühnerbrust in Würfel schneiden, die Kräuter waschen und fein hacken.
3. Die Zwiebel schälen, fein hacken und im Rapsöl anschwitzen, die Fleischwürfel zugeben und anbraten.
4. Mit dem Wasser aufgießen, mit Kümmel, Salz und den Kräutern nach Belieben abschmecken und zugedeckt ca. 10 Minuten dünsten.
5. Das Mischgemüse beigeben und weitere 10 Minuten dünsten.
6. Die Quinoa dazugeben, vermengen, abschmecken und mit Kresse bestreut servieren.

Quinoasalat

ZUTATEN FÜR 4 PORTIONEN

250 g Quinoa

600 ml Wasser

½ TL Salz

200 g Schafkäse

150 g getrocknete, in Öl eingelegte Tomaten

1 Zitrone (unbehandelt)

4 EL Olivenöl

Salz und Pfeffer

1 Handvoll gemischte Sprossen
(z. B. Sojasprossen, Radieschensprossen,
Alfalfa etc.)

1. Die Quinoa in einem Sieb mit heißem Wasser abspülen, in kochendes Salzwasser geben, die Hitze reduzieren und die Quinoa zugedeckt ca. 15 Minuten köcheln lassen.
2. Den Schafkäse in kleine Würfel schneiden, die Tomaten klein schneiden, die kernig gekochte Quinoa mit den Schafkäsestücken und den Tomaten vermengen.
3. Den Salat mit dem Zitronensaft, etwas abgeriebener Zitronenschale, dem Olivenöl, Salz und Pfeffer marinieren.
4. Mit frischen Sprossen bestreuen und servieren.

UNSER SPEZIELLER TIPP
Der Getreidesalat schmeckt warm und kalt. Statt Quinoa kann man auch Dinkelreis verwenden. Sprossen lassen sich ganz einfach in einem Keimglas zu Hause selbst ziehen (siehe S. 24 ff.) und eignen sich wunderbar dazu, Gerichte aufzuwerten. Wer keine Zeit hat, selbst Sprossen zu ziehen, der kann auch frische Sprossenmischungen im Bioladen kaufen.

Quinoa-Fleischlaibchen

ZUTATEN FÜR 4 PORTIONEN

150 g Quinoa
300 ml Wasser
Salz
½ Bund Petersilie
1 Zweig Majoran
400 g Faschiertes
1 Ei
125 g Crème fraîche
1 Prise Cayennepfeffer
1–2 EL Semmelbrösel
Rapsöl zum Braten

1. Die Quinoa in einem Sieb heiß abspülen, in einem Topf das Wasser aufkochen, Salz und die Quinoa dazugeben.
2. Die Hitze reduzieren, die Masse zugedeckt ca. 15 Minuten weich dünsten und anschließend überkühlen lassen.
3. In der Zwischenzeit die Kräuter waschen und klein hacken.
4. Das Faschierte, die Quinoa, das Ei, die Crème fraîche, die Kräuter und den Cayennepfeffer gut vermengen und Semmelbrösel nach Bedarf dazugeben.
5. Mit nassen Händen aus der Masse 12 Laibchen formen und in heißem Öl beidseitig braten.

Quinoabrot mit Buttermilch

ZUTATEN FÜR 2 LAIBE ODER WECKEN

210 g Quinoa
40 g Germ
ca. 400 ml Wasser
500 g Dinkelmehl
130 g Roggenmehl
250 ml Buttermilch
15 g Salz
2 EL Brotgewürz
Fenchel, Anis oder Koriander sowie Haferflocken zum Bestreuen

1. Die Quinoa fein mahlen, die Germ in 200 ml lauwarmem Wasser auflösen.
2. Alle Zutaten zu einem mittelfesten Teig verarbeiten und gut durchkneten.
3. Den Teig an einem warmen Ort 40 Minuten gehen lassen, dann nochmals durchkneten, halbieren und zu zwei Laiben (oder Wecken) formen.
4. Die Laibe auf ein mit Backpapier ausgelegtes Backblech geben, nochmals ca. 30 Minuten gehen lassen.
5. Mit Wasser bestreichen, mit den Gewürzen (Fenchel, Anis oder Koriander) und mit den Haferflocken bestreuen, etwas andrücken, die Laibe bzw. Wecken auf der Oberfläche zwei- bis dreimal schräg einschneiden.
6. Den Backofen auf 230 °C vorheizen, die Wecken 10 Minuten bei dieser Temperatur backen.
7. Anschließend die Temperatur auf 190 °C reduzieren und das Brot noch ca. 50 Minuten fertig backen.

Quinoastangen

ZUTATEN FÜR 8 STÜCK

Teig

250 g Dinkelmehl	
25 ml Olivenöl	
1 EL Essig • 100 ml Wasser	

Fülle

60 g Quinoa	
120 ml Wasser • Salz	
½ Zucchino • 30 g Oliven, entkernt	
30 g getrocknete Tomaten in Öl	
1 Zweig Rosmarin	
60 g schnittfester Schafkäse	
2 Knoblauchzehen	
Zitronenschale • Pfeffer	

Olivenöl zum Bestreichen	
1 Eidotter zum Bestreichen	

UNSER SPEZIELLER TIPP

Statt dem angeführten Teig können Sie auch fertigen Strudel- oder Filoteig verwenden. Servieren Sie die Stangen mit einer Joghurtsauce und einem Salat der Saison.

1. Für den Teig alle Zutaten zu einem glatten Teig verkneten, abdecken und bei Raumtemperatur etwa 30 Minuten rasten lassen.

2. Für die Fülle die Qinoa in einem Sieb mit heißem Wasser abspülen, das Wasser mit dem Salz aufkochen, die Quinoa dazugeben, die Hitze reduzieren und zugedeckt ca. 15 Minuten weich dünsten.

3. Den Zucchino waschen und in kleine Würfel schneiden, die Oliven, die Tomaten und den Rosmarin fein hacken.

4. Den Schafkäse in kleine Würfel schneiden, die Knoblauchzehen schälen und fein hacken.

5. Alle Zutaten vermengen und mit Zitronenschale und Pfeffer abschmecken.

6. Den Teig in 8 Stücke teilen, jedes Stück mit dem Rollholz zu dünnen, länglichen Teigstücken ausrollen.

7. Die Teigstücke mit Olivenöl bestreichen und die Fülle wie bei einem Strudel darauf verteilen.

8. Den Teig zuerst auf der kurzen Seite etwas einschlagen und dann zu Stangen einrollen, auf ein mit Backpapier ausgelegtes Backblech legen und mit dem versprudelten Eidotter bestreichen.

9. Im vorgeheizten Backofen bei 200 °C ca. 20 Minuten backen und warm servieren.

Heidelbeermuffins

ZUTATEN FÜR 8 STÜCK

125 g Quinoa

125 g Weizenvollkornmehl

½ Packung Backpulver

50 g Butter

1 Ei

3 EL Honig

100 g Sauerrahm

150 g Vanillejoghurt

300 g Heidelbeeren

1. Die Quinoa fein mahlen und mit dem Weizenvollkornmehl sowie dem Backpulver vermischen.
2. Die Butter schmelzen und überkühlen lassen, währenddessen das Ei mit dem Honig, dem Sauerrahm und dem Vanillejoghurt verrühren und danach die abgekühlte, aber noch flüssige Butter unterrühren.
3. In diese Masse die Mehlmischung einrühren und danach die Heidelbeeren vorsichtig untermengen.
4. Papiermuffinförmchen in die Vertiefungen des Muffinbleches setzen, drei Viertel hoch mit dem Teig füllen und im vorgeheizten Backofen bei 180 °C ca. 30 Minuten backen.

UNSER SPEZIELLER TIPP

Diese Muffins sind rasch zubereitet und schmecken auch mit anderen Früchten wie Holunderbeeren, Himbeeren, Brombeeren, aber auch Pfirsichstücken sehr gut. Die Quinoa kann auch durch Kamut ersetzt werden. Wer kein Muffinblech zu Hause hat, kann ein Backblech verwenden und die Papierförmchen mit etwas Abstand darauf platzieren. Dabei empfiehlt es sich, vor dem Einfüllen des Teiges mehrere Förmchen ineinander zu stellen, damit die Muffins auch ihre Form behalten.

Quinoa-Obstauflauf

ZUTATEN FÜR 1 AUFLAUFFORM (ODER 4 KLEINE FÖRMCHEN)

200 g Quinoa

500 ml Milch

300 g Obst nach Saison (z. B. Beeren, Äpfel ...)

100 g Butter

120 g Staubzucker

4 Eidotter

4 Eiklar

1 Zitrone (unbehandelt)

250 g Topfen

1 Packung Vanillezucker

1. Die Quinoa in einem Sieb heiß abspülen, in einem Topf die Milch aufkochen, die Quinoa dazugeben, die Hitze reduzieren, zugedeckt ca. 15 Minuten weich dünsten und anschließend überkühlen lassen.
2. Das Obst vorbereiten (z. B. Beeren verlesen, Äpfel schälen und kleinwürfelig schneiden …).
3. Die Butter flaumig rühren und mit dem Staubzucker und den Eidottern schaumig rühren.
4. Die Eiklar zu steifem Schnee schlagen, die Zitrone waschen und die Schale abreiben.
5. Den Topfen, den Vanillezucker und die Zitronenschale in den Abtrieb einrühren und die gegarte Quinoa, das vorbereitete Obst sowie den Eischnee unterziehen.
6. Die Masse in eine befettete Auflaufform (oder in mehrere kleine Formen) füllen und im vorgeheizten Backofen bei 180 °C ca. 50 Minuten backen (bei kleinen Backformen verringert sich die Backzeit um ca. 20 Minuten).

Quinoaschnitten

ZUTATEN FÜR ½ BACKBLECH

Mürbteig

180 g Dinkelvollkornmehl	
50 g Butter	
40 g Honig	
30 ml Wasser	
½ TL Zimt	
1 Msp. Nelkenpulver	
1 Prise Muskatnuss	

Belag

60 g Quinoa	
150 ml Wasser	
100 g Haselnüsse	
100 g getrocknete Früchte	
50 g Flockenmischung (oder Haferflocken)	
50 g Honig	
100 g Quittenmarmelade	

1. Für den Mürbteig alle Zutaten rasch zu einem glatten Teig verkneten und 20 Minuten im Kühlschrank rasten lassen.
2. Für den Belag die Quinoa in einem Sieb heiß abspülen, das Wasser aufkochen, die Quinoa dazugeben, die Hitze reduzieren und zugedeckt ca. 15 Minuten dünsten lassen.
3. Die Haselnüsse fein reiben und in einer Pfanne trocken rösten, die Trockenfrüchte fein hacken.
4. Die gegarte Quinoa mit den restlichen Zutaten vermengen.
5. Den Mürbteig dünn ausrollen (in der Größe des halben Backblechs), mit dem Belag bestreichen und im vorgeheizten Backofen bei 180 °C ca. 20 Minuten backen.
6. Nach dem Auskühlen in kleine Quadrate oder Dreiecke schneiden.

UNSER SPEZIELLER TIPP

Diese Quinoaschnitten eignen sich auch zur längeren Aufbewahrung und bereichern in der Adventzeit jeden Keksteller.

REIS

Reis wird vorwiegend als Nahrungsgetreide angebaut. Naturreis quillt weniger stark auf als geschälter Reis und hat eine längere Kochzeit (doppelt so lang). Langkornreis ist hart und glasig, er bleibt beim Kochen körnig und locker. Er eignet sich gut als Beilage und für Salate. Rundkornreis eignet sich aufgrund seiner Kocheigenschaften sehr gut für süße Reisspeisen und Aufläufe.

Es empfiehlt sich, Reis vor dem Dünsten in einem Sieb unter fließendem, kaltem Wasser abzuspülen. Gegart wird Reis in der doppelten Flüssigkeitsmenge bei geringer Temperatur und ist in ca. 25 Minuten gar.

Naturreislaibchen

ZUTATEN FÜR 4 PORTIONEN

200 g Naturreis
1 Zwiebel
2 Knoblauchzehen
40 g Butter
400 ml Gemüsesuppe
100 g Sellerie
100 g Bergkäse
½ Bund Petersilie
1 Zweig Oregano
2 Eier
1 EL Sojasauce
1 TL Kräutersalz
100 g Dinkelmehl
2 EL Sesam
Rapsöl

1. Den Reis in einem Sieb unter fließendem Wasser waschen und gut abtropfen lassen.
2. Die Zwiebel und den Knoblauch schälen, fein hacken und in der Butter andünsten.
3. Den Reis zugeben, mit der Gemüsesuppe aufgießen, zugedeckt ca. 40 Minuten kernig dünsten und auskühlen lassen.
4. In der Zwischenzeit den Sellerie putzen und fein reiben, den Bergkäse ebenfalls fein reiben, die Kräuter waschen und fein hacken.
5. Den ausgekühlten Reis mit dem Sellerie, dem Bergkäse und den Eiern gut vermengen, die Masse mit der Sojasauce, dem Kräutersalz und den Kräutern würzen, mit nassen Händen daraus 12 Laibchen formen.
6. Das Dinkelmehl und den Sesam vermischen und die Laibchen vorsichtig darin wenden.
7. Die Laibchen in heißem Rapsöl beidseitig braten.

UNSER SPEZIELLER TIPP
Servieren Sie zu den Naturreislaibchen folgende Gemüsesauce: 100 g Wurzelgemüse, 1 Zwiebel, 20 g Butter, ca. 250 ml Gemüsesuppe, 3 EL Obers. Das Gemüse und die Zwiebel vorbereiten und zerkleinern. Die Zwiebel in der Butter andünsten, das Gemüse dazugeben, mit der Gemüsesuppe aufgießen und dünsten. Mit dem Obers pürieren und abschmecken.

Fisch-Reispfanne

ZUTATEN FÜR 4 PORTIONEN

200 g Naturreis

2 Karotten

200 g Zucchini

200 g Tomaten

1 grüne Paprikaschote

1 große Zwiebel

4 EL Olivenöl

350 ml Gemüsesuppe

Salz

1 TL Paprikapulver

½ Bund Petersilie

1 Zitrone

400 g Dorsch- oder Forellenfilet

Salz und Pfeffer

1 Msp. gemahlener Rosmarin

UNSER SPEZIELLER TIPP

Dieses Reisgericht eignet sich besonders als schnelle Fischmahlzeit.

1. Den Naturreis in einem Sieb unter fließendem Wasser waschen und gut abtropfen lassen.
2. Die Karotten waschen, schälen und in dünne Scheiben schneiden, die Zucchini, die Tomaten und die Paprikaschote waschen und in kleine Würfel schneiden.
3. Die Zwiebel schälen, fein schneiden und in 1 EL Olivenöl andünsten, den Naturreis zugeben, kurz anschwitzen und alles mit der Gemüsesuppe aufgießen.
4. Die Karotten, Salz und das Paprikapulver dazugeben und mitdünsten.
5. Nach etwa 30 Minuten die Zucchini-, Tomaten- und Paprikawürfel zum Reis geben und mitdünsten, bis der Reis gar ist.
6. Die Petersilie waschen und fein schneiden, die Zitrone auspressen und die Fischfilets mit dem Saft beträufeln, würzen und in 3 EL Olivenöl beidseitig braten.
7. Die fertigen Fischfilets in große Stücke teilen, mit der Petersilie und dem Rosmarin unter das Reisgemisch mengen und mit Salz und Pfeffer abschmecken.

Griechischer Reissalat

ZUTATEN FÜR 4 PORTIONEN

150 g Naturreis

280 ml Wasser

300 g grüne Zucchini

200 g Melanzani

1 gelbe Paprikaschote

1 rote Paprikaschote

4 Tomaten

½ Bund Frühlingszwiebeln

2 EL Olivenöl

Salz und Pfeffer

½ Gurke

200 g Schafkäse

je 50 g grüne und schwarze Oliven

Marinade

½ Bund Petersilie

1 Bund Schnittlauch

3 Blätter Basilikum

2 Knoblauchzehen

125 ml Olivenöl

100 ml Balsamico-Essig

Salz und Pfeffer

1. Den Naturreis in einem Sieb unter fließendem Wasser waschen, das Wasser aufkochen, salzen, den Reis dazugeben und ca. 40 Minuten dünsten.

2. 200 g Zucchini, die Melanzani, die Paprikaschoten, 3 Tomaten und ca. drei Viertel der Zwiebeln waschen und/oder putzen, kleinwürfelig schneiden und im Olivenöl bissfest rösten, mit Salz und Pfeffer würzen.

3. Den gegarten Reis mit der Gemüsemischung vermengen und auskühlen lassen.

4. Für die Marinade die Kräuter waschen und fein schneiden, den Knoblauch schälen und fein hacken, mit den übrigen Zutaten gut verrühren, ein Drittel über die ausgekühlte Reis-Gemüse-Mischung geben, vermischen und mehrere Stunden im Kühlschrank ziehen lassen.

5. Das noch übrige Gemüse waschen und/oder putzen und kleinwürfelig schneiden. Den Schafkäse in kleine Würfel schneiden, die Oliven entkernen und eventuell halbieren.

6. Alles mit der restlichen Marinade vermischen und kurz ziehen lassen.

7. Mit der Reis-Gemüse-Mischung vermengen und nochmals abschmecken. Den Reissalat nach Belieben mit schwarzen Oliven, Schafkäsewürfeln und Schnittlauch garnieren.

Strudelteigröllchen
mit Reis und Trockenfrüchten

ZUTATEN FÜR 12 STÜCK

500 ml Wasser

1 EL Kristallzucker

125 g Rundkornreis

400 ml Milch

1 Packung Vanillezucker

etwas Zimtpulver

200 g Trockenfrüchte (oder auch frische Früchte nach persönlichem Geschmack)

1 Ei

12 Strudelteigblätter (20 x 20 cm)

Butter zum Bestreichen

*UNSER SPEZIELLER TIPP

Durch das Vorkochen in gezuckertem Wasser wird der Reis gesüßt und die anschließende Kochzeit in der Milch verkürzt sich. Außerdem legt sich der Reis dadurch nicht so leicht am Topfboden an.

1. Das Wasser mit dem Kristallzucker zum Kochen bringen und den Reis darin kurz überkochen, abseihen und mit kaltem Wasser abbrausen*.

2. Die Milch und den Reis in einem Topf langsam zum Kochen bringen, Vanillezucker und Zimt dazugeben und öfters umrühren, nach 10 Minuten die klein geschnittenen Trockenfrüchte untermischen und weiterköcheln, bis der Reis weich ist, vom Herd nehmen und auskühlen lassen.

3. Das Ei trennen, den Eidotter unter die Masse rühren, das Eiklar steif schlagen und unterheben.

4. Die Strudelteigblätter auf einer Arbeitsfläche auflegen, jeweils 2–3 EL von der Reismasse auf das obere Ende geben, die Seitenränder nach innen einschlagen und die Teigblätter von oben nach unten zusammenrollen.

5. Die Reisrollen mit dem Schluss nach unten auf ein mit Backpapier ausgelegtes Backblech setzen und im vorgeheizten Backofen bei 180 °C 15–20 Minuten backen, aus dem Ofen nehmen und mit der geschmolzenen Butter bestreichen.

Süßer Reisauflauf mit Topfen

ZUTATEN FÜR 1 AUFLAUFFORM (CA. 4 PORTIONEN)

750 ml Milch • 1 Prise Salz

200 g Rundkornreis

60 g Butter • 60 g Staubzucker

3 Eidotter

2 Tropfen Bittermandelaroma • Saft und abgeriebene Schale von ½ Zitrone (unbehandelt)

250 g Topfen • 2 EL Obers • 3 Eiklar

1. Die Milch mit dem Salz aufkochen, den Reis dazugeben, ca. 25 Minuten dünsten und auskühlen lassen.
2. Die Butter flaumig rühren und mit dem Staubzucker, den Eidottern, dem Bittermandelaroma, Zitronensaft und -schale schaumig rühren.
3. Den Topfen, das Obers und den Reis in den Abtrieb einrühren, die Eiklar zu steifem Schnee schlagen und vorsichtig unterheben.
4. Die Masse in eine befettete Auflaufform füllen und im vorgeheizten Backofen bei 170 °C ca. 45 Minuten backen.

Zimtrisotto

ZUTATEN FÜR 4 PORTIONEN

600 ml Milch

50 g Zucker

2 TL Zimt

100 g Rundkornreis

20 g Butter

50 g weiße Schokolade

100 ml Obers

Heidelbeeren zum Garnieren

1. Die Milch mit dem Zucker und dem Zimt aufkochen und den Topf zur Seite stellen.
2. Den Reis in der Butter kurz anschwitzen, mit der Zimtmilch aufgießen und bei schwacher Hitze unter häufigem Umrühren ca. 30 Minuten weich garen (bei Bedarf mehr Milch nachgießen).
3. Die Schokolade raspeln und unter den fertig gegarten Milchreis rühren, das Obers steif schlagen und unterheben.
4. Den Risotto in tiefen Tellern oder in Schälchen anrichten und ev. mit frischen Heidelbeeren garnieren.

Reis Trauttmansdorff

ZUTATEN FÜR 4 PORTIONEN

270 ml Milch	
40 g Zucker	
1 Prise Salz	
140 g Naturreis	
2 Blatt Gelatine	
125 ml Obers	
200 g Himbeeren	
50 g Pistazien	

UNSER SPEZIELLER TIPP

Eine Sauce aus pürierten Himbeeren ist eine „saftige" Ergänzung.

1. Die Milch, den Zucker und das Salz aufkochen und den Reis darin ca. 45 Minuten köcheln lassen, bis er weich ist.
2. Die Gelatine in kaltem Wasser einweichen, ausdrücken und mit 1 EL Wasser vorsichtig erwärmen, bis sie sich aufgelöst hat, und unter den gegarten Reis mischen, die Reismasse etwas überkühlen lassen.
3. Das Obers steif schlagen und unter die abgekühlte Reismasse mengen.
4. Kleine Auflaufförmchen (oder Kaffeetassen) mit kaltem Wasser ausspülen, die Reismasse einfüllen und ca. 1 Stunde kalt stellen.
5. Dann die Förmchen kurz in sehr heißes Wasser tauchen und den Reis auf Teller stürzen, mit Himbeeren und Pistazien garniert servieren.

ROGGEN

Roggen wird in Österreich als „Korn" bezeichnet. Er ist nach dem Weizen das wichtigste Getreide, das zu Mehl vermahlen zum Backen von Brot, Weckerln, aber auch von Lebkuchen und Kletzenbrot verwendet wird. Er schmeckt würziger als Weizen und bindet mehr Wasser. Roggenbrot bleibt daher länger frisch als Weizenbrot.

Als Zutat zum Kochen von Suppen, Breien usw. finden auch Roggenschrot oder Roggenflocken Verwendung.

Langhammerbrot

ZUTATEN FÜR 2 LAIBE

30 g Germ
½ TL Zucker
170 g Weizenmehl Type 700
ca. 500 ml Wasser
200 g Weizenvollkornmehl
370 g Roggenmehl
15 g Trockensauerteig
80 g Mandeln, fein gerieben
5 TL Brotgewürz
7 EL Sonnenblumenkerne
5 EL Leinsamen
15 g Salz
40 ml Buttermilch
Milch zum Bestreichen

1. Die Germ mit dem Zucker, 2 EL vom Weizenmehl und 3 EL vom lauwarmen Wasser zu einem Vorteig verrühren und zugedeckt ca. 15 Minuten gehen lassen.
2. Sämtliche Zutaten mit dem Vorteig mischen, 15 Minuten zu einem mittelfesten Teig kneten und ca. 1 Stunde gehen lassen, bis der Teig das doppelte Volumen hat.
3. Den Teig nochmals durchkneten, halbieren, zu hohen Laiben formen und nochmals 30 Minuten gehen lassen.
4. Die Oberfläche der Laibe mit Milch bestreichen, mit einer Gabel mehrmals anstechen.
5. Den Backofen auf 230 °C vorheizen, die Laibe 10 Minuten bei dieser Temperatur backen.
6. Anschließend die Temperatur auf 200 °C reduzieren und weitere 50 Minuten backen.

Rustikale Flockensuppe

ZUTATEN FÜR 4 PORTIONEN

1 Zwiebel

250 g Suppengemüse
(z. B. Karotten, Sellerie, Porree ...)

30 g Butter

80 g Roggenflocken

1 l Gemüsesuppe

1 Prise gemahlener Kümmel

Kräutersalz

½ Bund Schnittlauch

1. Die Zwiebel schälen und fein hacken, das Suppengemüse putzen, waschen und in feine Streifen schneiden.
2. Die Zwiebel und das Gemüse in der Butter andünsten, die Roggenflocken mitrösten und mit der Gemüsesuppe aufgießen.
3. Die Suppe ca. 5 Minuten kochen, mit Kümmel und Kräutersalz abschmecken.
4. Den Schnittlauch waschen, fein schneiden und die Suppe mit dem Schnittlauch bestreut servieren.

Bäuerliche Brotsuppe

ZUTATEN FÜR 4 PORTIONEN

200 g Roggenvollkornbrot (vom Vortag)

60 g Butter

750 ml Gemüsesuppe

1 Eidotter

1 TL getrockneter Majoran

1 TL Kräutersalz

3 EL Obers

½ Bund Schnittlauch

1. Das Roggenvollkornbrot in kleine Würfel schneiden und in Butter anrösten.
2. Mit der Gemüsesuppe aufgießen, den Eidotter einrühren, den Majoran und das Kräutersalz zugeben und 10 Minuten kochen.
3. Das Obers einrühren und anschließend die Suppe pürieren und abschmecken.
4. Den Schnittlauch waschen, fein schneiden und die Suppe damit bestreuen.

Mehlknödel

ZUTATEN FÜR 4 PORTIONEN

200 g Roggenmehl

1 Prise Muskatnuss

Salz

ca. 300 ml Rindsuppe

1. Das Mehl mit Muskatnuss und Salz vermischen und mit kalter Suppe vermengen, sodass ein ziemlich fester Teig entsteht.
2. Aus der Masse ca. 8 Knödel formen und in Salzwasser oder Fleischsuppe 10–15 Minuten kochen.

UNSER SPEZIELLER TIPP
Servieren Sie die Mehlknödel zu Selchfleisch oder Schweinsbraten.

Roggenblattln

ZUTATEN
FÜR CA. 20 STÜCK

500 g Roggenmehl

40 g zimmerwarme Butter

1 TL Salz

125 ml heißes Wasser

Rapsöl oder Schmalz

1. Das Roggenmehl mit der Butter, dem Salz und dem Wasser zu einem Teig verkneten, zu einer Rolle formen, Stücke abschneiden und zu dünnen Fladen mit ca. 15 cm Durchmesser ausrollen.
2. In einer großen Pfanne Rapsöl oder Schmalz erhitzen und die Blattln auf beiden Seiten rasch goldgelb backen, herausheben, auf Küchenpapier legen und warm servieren.

UNSER SPEZIELLER TIPP
Servieren Sie die Roggenblattln mit Sauerkraut.

Paprikaschoten

mit Roggen-Käse-Fülle

ZUTATEN FÜR 4 PORTIONEN

Fülle	
100 g Roggen	
250 ml Gemüsesuppe	
Salz	
1 Liebstöckelblatt	
1 Lorbeerblatt	
1 Prise Muskatnuss	
1 Msp. Cayennepfeffer	
1 Prise Piment	
1 kleine Zwiebel	
3 Knoblauchzehen	
1 kleine Karotte	
50 g Knollensellerie	
50 g Porree	
200 g Emmentaler	
½ Bund Petersilie	
1 Ei • Salz	

6 grüne Paprikaschoten	
Butter	
Gemüsesuppe	

1. Für die Fülle den Roggen schroten, die Gemüsesuppe aufkochen.
2. Salz, das Liebstöckelblatt, das Lorbeerblatt und die Gewürze dazugeben, den Roggenschrot einstreuen, 5 Minuten köcheln lassen, von der Herdplatte nehmen und 10 Minuten zugedeckt quellen lassen, danach das Liebstöckel- und das Lorbeerblatt entfernen.
3. Die Zwiebel und den Knoblauch schälen und fein schneiden.
4. Die Karotte und den Sellerie waschen, schälen und fein raspeln, den Porree putzen, der Länge nach aufschneiden, unter fließendem Wasser Schicht für Schicht waschen und in feine Streifen schneiden.
5. Den Emmentaler fein reiben, die Petersilie waschen und fein hacken.
6. Die Roggenmasse mit dem Gemüse, der Zwiebel, dem Knoblauch, dem Ei, der Petersilie und zwei Dritteln des Käses gut vermischen und abschmecken.
7. Die Paprikaschoten waschen, halbieren und die Kerne entfernen, mit der Roggen-Gemüse-Masse füllen, in eine befettete Auflaufform geben und mit dem restlichen Käse bestreuen.
8. Mit Butterflocken belegen und im vorgeheizten Backofen bei 180 °C ca. 30 Minuten garen, während des Garens mit etwas Gemüsesuppe untergießen.

UNSER SPEZIELLER TIPP
Zu diesem Gericht passt eine Tomatensauce (siehe S. 100) sehr gut.

Zwiebelbrot

ZUTATEN FÜR 1 WECKEN

500 g Roggenmehl
250 g Weizenmehl
42 g Germ
1 TL Zucker
ca. 400 ml lauwarmes Wasser
½ TL Pfefferkörner
150 g frischer Sauerteig (siehe S. 27)
15 g Salz
¼ TL gemahlener Koriander
¼ TL Kardamom
80 g Röstzwiebeln

1. Roggen- und Weizenmehl in eine große Schüssel sieben und in die Mitte eine Vertiefung drücken.
2. Die Germ und den Zucker in 5 EL vom lauwarmen Wasser auflösen und dann in die Mehlmulde geben.
3. Mit etwas Mehl vom Rand der Mulde zu einem Brei vermischen und zugedeckt an einem warmen Ort 15 Minuten gehen lassen.
4. Die Pfefferkörner in einem Mörser grob zerdrücken, das restliche lauwarme Wasser, den Sauerteig, das Salz und die Gewürze hinzugeben und alles zu einem glatten Teig verkneten.
5. Den Teig etwa 15 Minuten gut kneten, bis er fest und geschmeidig ist und nicht mehr klebt, dann zugedeckt 30 Minuten gehen lassen, bis sich das Teigvolumen verdoppelt hat.
6. Die Röstzwiebeln zum Teig geben und kurz durchkneten, bis sie gleichmäßig im Teig verteilt sind.
7. Einen Wecken formen und diesen auf ein mit Backpapier belegtes Backblech legen und zugedeckt 45 Minuten gehen lassen.
8. Mit lauwarmem Wasser bepinseln und die Oberfläche mehrmals mit einem scharfen Messer 0,5 cm tief schräg einschneiden.
9. Im vorgeheizten Backofen bei 250 °C 10 Minuten backen, dann die Hitze auf 200 °C reduzieren und noch 45 Minuten backen.

UNSER SPEZIELLER TIPP
Anstelle von Röstzwiebeln kann man auch 200 g gewürfelten Schinken in den Teig kneten.

Roggen-Kräuteraufstrich

ZUTATEN FÜR CA. 450 G

50 g Roggen
150 ml Gemüsesuppe
50 g Butter
1 kleine Zwiebel, fein gehackt
1 Karotte
125 g Topfen
1 EL Kren
½ Bund Petersilie, fein gehackt
½ Bund Schnittlauch
Salz und Pfeffer

1. Den Roggen mittelfein schroten, die Gemüsesuppe aufkochen, den Roggenschrot einrieseln und unter Rühren aufkochen lassen, bei ausgeschalteter Herdplatte quellen und anschließend überkühlen lassen.
2. Die Butter schmelzen und die Zwiebel darin anschwitzen.
3. Die Karotte fein reiben, den Topfen glatt rühren.
4. Den überkühlten Roggenschrot, die Zwiebel, die Karotte, den Kren, die Kräuter, Salz und Pfeffer in den Topfen einrühren.

Kernebrot

ZUTATEN FÜR 1 KASTENFORM

30 g Haselnüsse • 250 ml Joghurt

130 ml lauwarmes Wasser

20 g Germ • 300 g Weizenmehl

200 g Roggenmehl

10 g Salz • 40 g Butter

50 g Sonnenblumenkerne

20 g Kürbiskerne

2 EL Haferflocken

1. Die Haselnüsse grob hacken, das Joghurt mit dem Wasser verrühren, die Germ zerkleinern, dazugeben und unter Rühren auflösen.
2. Das Weizen- und das Roggenmehl mischen und Salz, die Joghurtmischung und die zimmerwarme Butter zugeben.
3. Zu einem glatten Teig verarbeiten und diesen zugedeckt an einem warmen Ort 30 Minuten gehen lassen, bis sich das Volumen verdoppelt hat, anschließend nochmals durchkneten und dabei die Haselnüsse, die Sonnenblumen- und die Kürbiskerne untermischen.
4. Den Teig in eine befettete Kastenform geben und zugedeckt 20 Minuten gehen lassen.
5. Die Oberfläche mit dem Wasser bestreichen oder besprühen und mit den Haferflocken bestreuen.
6. Im vorgeheizten Backofen bei 220 °C ca. 20 Minuten backen, die Hitze danach auf 190 °C reduzieren und das Brot weitere 25 Minuten backen.

Vinschgerln

ZUTATEN FÜR CA. 15 STÜCK

½ TL Anis

½ TL Kümmel

150 g Roggenvollkornmehl

150 g Roggenmehl

200 g Weizenmehl

15 g Trockensauerteig

1 Packung Trockengerm

1 EL Rapsöl

10 g Salz

375 ml lauwarmes Wasser

1. Den Anis und den Kümmel grob zerkleinern, alle drei Mehlsorten mit den Gewürzen, dem Sauerteig, der Trockengerm, dem Öl, dem Salz und dem Wasser zu einem mittelfesten Teig kneten.
2. Diesen zugedeckt an einem warmen Ort 30 Minuten gehen lassen, nochmals kurz durchkneten und weitere 20 Minuten gehen lassen.
3. Anschließend aus dem Teig runde kleine Weckerln formen, diese in Roggenvollkornmehl tauchen, auf ein mit Backpapier ausgelegtes Backblech geben und 25 Minuten gehen lassen.
4. Im vorgeheizten Backofen bei 230 °C 10 Minuten backen, die Hitze auf 190 °C reduzieren und weitere 20 Minuten backen.

Kletzenbrot

ZUTATEN FÜR 1 STRIEZEL

100 g Dörrzwetschken	
20 ml Rum	
150 g Kletzen	
100 g Feigen	
50 g Zitronat	
50 g Aranzini (Orangeat)	
250 g Roggenmehl	
70 g frischer Sauerteig	
10 g Germ	
50 g Wal- oder Haselnüsse, gerieben	
100 g Honig	
125 ml Wasser (Kochwasser von den Kletzen)	
1 EL Lebkuchengewürz	
1 TL Zimt	
½ TL Salz	

etwas Milch zum Bestreichen

Walnüsse zum Verzieren

1. Die Dörrzwetschken in Rum ca. 1 Tag marinieren.
2. Die Kletzen ca. 5 Stunden in ausreichend Wasser einweichen, danach im Einweichwasser ca. 30 Minuten weich kochen, abseihen und das Kochwasser für die weitere Teigzubereitung bereithalten.
3. Die gekochten Kletzen und die marinierten Dörrzwetschken sehr fein schneiden oder durch die mittelgroße Lochscheibe eines Fleischwolfs faschieren.
4. Die Feigen fein schneiden und mit allen Früchten und dem Mehl vermischen.
5. Mit den restlichen Zutaten zu einem mittelfesten Teig verkneten und bei Zimmertemperatur ca. 30 Minuten rasten lassen.
6. Aus der Masse einen Striezel formen, mit der Milch bestreichen und mit Nüssen verzieren.
7. Den Striezel auf ein mit Backpapier belegtes Backblech legen und im vorgeheizten Backofen bei 220 °C ca. 70 Minuten backen.

WEIZEN

Weichweizen hat einen hohen Klebereiweißgehalt, weshalb Weizenmehl eine besonders gute Backfähigkeit für Brot, Gebäck, Feinbackwaren und Mehlspeisen aufweist. Hartweizen (Durumweizen) ist noch kleberreicher als Weichweizen und besonders zur Herstellung von Teigwaren geeignet.

Das Angebot an Weizenprodukten mit unterschiedlichen Mahlstufen ist sehr vielfältig. Eine Besonderheit stellt der Perlweizen dar: Die Weizenkörner werden mit reinem Wasserdampf schonend vorgegart. Dadurch wird die Kochzeit verkürzt und es bleiben mehr Vitamine und Mineralstoffe erhalten.

Alle Speisen mit Weizenmehl können Sie auch mit Dinkelmehl zubereiten.

Safran-Grießnockerln

ZUTATEN FÜR 4 PORTIONEN

120 g Weizengrieß
175 ml Milch
175 ml Gemüsesuppe
einige Safranfäden
1 Prise Muskatnuss
Salz und Pfeffer
50 g Butter
1 Ei

1. In einer Pfanne den Grieß ohne Fett bei geringer Hitze rösten, bis er zu duften beginnt.
2. Die Milch, die Gemüsesuppe und die Safranfäden aufkochen und mit den Gewürzen abschmecken.
3. Den Grieß unter Rühren dazugeben, dickbreiig einkochen lassen, vom Herd nehmen und auskühlen lassen.
4. Die Butter schmelzen, das Ei verquirlen und beides mit der Grießmasse gut vermengen.
5. Nockerln formen, in reichlich kochendes Salzwasser einlegen und ca. 15 Minuten knapp unter dem Siedepunkt ziehen lassen.
6. Die Nockerln herausnehmen und in einer klaren Suppe servieren.

Grießknödel I

ZUTATEN FÜR 4 PORTIONEN

20 g Schweineschmalz

250 g Weizenvollgrieß

Salz

ca. 200 ml Selchsuppe

1. Das Schweineschmalz zerlassen, den Grieß mit dem heißen Schmalz verrühren, salzen und mit der kochend heißen Selchsuppe vermengen, sodass ein mittelfester Teig entsteht.
2. Die Masse 15 Minuten rasten lassen, Knödel formen und in eine Mischung aus kochendem Salzwasser und Selchsuppe einlegen, 15 Minuten köcheln lassen.

Grießknödel II

ZUTATEN FÜR 4 PORTIONEN

350 ml Milch

Salz

1 Prise Muskatnuss

60 g Butter

170 g Weizengrieß

2 Eier

1. Die Milch mit Salz, Muskatnuss und der Butter aufkochen und den Grieß einrühren, sodass eine dicke Masse entsteht, vom Herd nehmen und auskühlen lassen.
2. Die Eier nach und nach unter die Masse rühren (die Masse soll weich sein) und abschmecken.
3. Aus der Grießmasse mit nassen Händen ca. 12 Knödel formen, in kochendes Salzwasser einlegen und ca. 15 Minuten köcheln lassen.

UNSER SPEZIELLER TIPP

Diese Beilagenknödel schmecken auch als Suppeneinlage.

Zucchinicremesuppe

mit Käsefrittaten

ZUTATEN FÜR 4 PORTIONEN

Käsefrittaten

30 g Weizenvollkornmehl
30 g Weizenmehl
2 Eier
100 ml Milch
100 g Schnittkäse (z. B. Gouda), fein gerieben
Salz
½ Bund Petersilie, fein gehackt

Rapsöl

Suppe

500 g Zucchini
750 ml Rindsuppe
1 Knoblauchzehe

1. Das Weizenvollkornmehl, das Weizenmehl, die Eier und die Milch verrühren, den Käse, Salz und die Petersilie unterrühren und den Teig 30 Minuten stehen lassen.
2. In einer Pfanne mit wenig Öl dünne Palatschinken backen, auskühlen lassen und in dünne Streifen schneiden.
3. Für die Suppe die Zucchini waschen, in Scheiben schneiden und in der Hälfte der Rindsuppe weich dünsten.
4. Den Knoblauch schälen, fein hacken und mit der restlichen Rindsuppe in die Zucchinisuppe geben.
5. Die Suppe pürieren, abschmecken und mit den Käsefrittaten servieren.

Mediterrane Brotsuppe

ZUTATEN FÜR 4 PORTIONEN

3 Tomaten
1 Zwiebel
2 Zehen Knoblauch
2 EL Olivenöl
750 ml Gemüsesuppe
1 Zweig Oregano
1 Zweig Thymian
Pfeffer
120 g Weizenvollkornbrot
20 g Butter
8 grüne Oliven
1 EL Kapern
1 EL Rosinen

1. Die Tomaten blanchieren, schälen und würfelig schneiden, die Zwiebel und den Knoblauch schälen und fein hacken.
2. Die Zwiebel in Olivenöl anschwitzen, mit der Gemüsesuppe aufgießen, den Knoblauch, die Kräuterzweige und etwas Pfeffer dazugeben.
3. Die Tomatenwürfel zur Suppe geben und ca. 10 Minuten köcheln lassen.
4. In der Zwischenzeit das Brot in kleine Würfel schneiden und in der Butter rösten.
5. Die Kräuterzweige aus der Suppe nehmen, die Oliven entkernen und vierteln.
6. Danach die Kapern, die Rosinen und die Oliven zur Suppe geben und kurz ziehen lassen.
7. Die Suppe mit den gerösteten Brotwürfeln bestreuen und servieren.

Porreekuchen

mit Erdnüssen

ZUTATEN FÜR 6–8 PORTIONEN

Teig

150 g Weizenvollkornmehl
150 g Weizenmehl
6 g Trockengerm
1 TL gemahlener Kümmel
50 g Hartkäse (z. B. Emmentaler), gerieben
40 g Butter, geschmolzen
1 TL Salz
1 Ei • 80 ml Wasser

Fülle

1 Zwiebel • 200 g Porree
20 g Butter
2 EL Gemüsesuppe
Salz und Pfeffer
1 Zweig Thymian
1 Zweig Rosmarin
100 g Hartkäse (z. B. Emmentaler), grob gerieben
50 g gesalzene Erdnüsse

Guss

2 Eier • 100 g Crème fraîche • ½ TL Salz

1. Alle Teigzutaten zu einem glatten Teig verkneten.
2. Den Teig zugedeckt ca. 50–60 Minuten gehen lassen, bis sich das Teigvolumen verdoppelt hat.
3. Für die Fülle die Zwiebel schälen und in feine Ringe schneiden, den Porree der Länge nach aufschneiden, unter fließendem Wasser Schicht für Schicht gründlich waschen und in feine Streifen schneiden.
4. Die Zwiebel in der Butter glasig andünsten, den Porree und die Gemüsesuppe dazugeben, das Gemüse etwa 5 Minuten dünsten.
5. Das Gemüse mit Salz, Pfeffer und den fein gehackten Kräutern kräftig abschmecken.
6. Für den Guss die Eier mit der Crème fraîche und dem Salz verquirlen.
7. Den Teig nochmals durchkneten, ausrollen, eine befettete Tortenform damit auslegen und am Rand 2 cm hochziehen.
8. Die Hälfte des geriebenen Käses auf dem Teigboden verteilen und das Gemüse daraufgeben, mit dem restlichen Käse und den Erdnüssen bestreuen und die Eimasse darübergießen.
9. Den Porreekuchen im vorgeheizten Backofen bei 200 °C ca. 45 Minuten goldgelb backen.

Kohllaibchen

mit Perlweizen

ZUTATEN FÜR 12 LAIBCHEN

Laibchen

125 g Perlweizen

250 ml Gemüsesuppe

½ Kohlkopf (Wirsing)

200 g Semmelwürfel

250 ml Milch

2 Karotten

80 g Hartkäse (z. B. Bergbaron)

1 Bund Petersilie

3 Eier

Salz und Pfeffer

1 Prise Muskatnuss

Rapsöl zum Braten

Sauce

2 Tomaten

½ Stange Porree

300 ml Gemüsesuppe

½ Zwiebel

125 ml Obers

Salz und Pfeffer

1 Prise Muskatnuss

1 TL Zitronensaft

1. Den Perlweizen in der Gemüsesuppe ca. 15 Minuten kochen und auskühlen lassen.
2. Den Kohl waschen, den Strunk entfernen und die Blätter in Salzwasser blanchieren, unter fließendem, kaltem Wasser abschrecken, gut ausdrücken und klein schneiden.
3. Die Semmelwürfel in der Milch einweichen und ca. 15 Minuten ziehen lassen.
4. Die Karotten waschen, schälen und grob raspeln, den Käse grob reiben, die Petersilie waschen und fein hacken.
5. Die eingeweichten Semmelwürfel, den Perlweizen, die Eier, den Kohl, die Karotten, den Käse und die Petersilie vermengen und mit Salz, Pfeffer und Muskatnuss nach Geschmack würzen.
6. Mit nassen Händen aus dieser Masse 12 Laibchen formen und in Rapsöl bei geringer Hitze beidseitig braten.
7. Für die Sauce die Tomaten blanchieren, schälen und in kleine Würfel schneiden.
8. Den Porree putzen, der Länge nach aufschneiden, unter fließendem Wasser Schicht für Schicht waschen und in feine Streifen schneiden, in Salzwasser blanchieren, abseihen und gut abtropfen lassen.
9. Die Gemüsesuppe aufkochen, die fein gehackte Zwiebel und das Obers hineingeben und kochen, bis eine sämige Sauce entsteht, nach Geschmack mit Salz, Pfeffer, Muskatnuss und etwas Zitronensaft würzen.
10. Die Porreestreifen und die Tomatenwürfel dazugeben, kurz erwärmen und abschmecken.

Käsekugeln

ZUTATEN FÜR 4 PORTIONEN

30 g Haselnüsse

30 g Gouda

60 g Butter

1 EL Wasser

1 Ei, 1 Dotter

1 TL Salz

1 Prise Muskatnuss

60 g Weizenvollkornmehl

1. Die Haselnüsse und den Käse fein reiben.
2. Die Butter flaumig rühren und das Wasser, das Ei, den Dotter, Salz und Muskatnuss einrühren.
3. Die Nüsse, den Käse und das Weizenvollkornmehl gründlich mit der Eimasse verrühren. Im Kühlschrank 30 Minuten rasten lassen.
4. Kleine Kugeln (2 cm Durchmesser) formen und in Salzwasser 15 Minuten garen. Die Käsekugeln in klarer Suppe anrichten.

Schweinskarree

mit Kornfülle

ZUTATEN FÜR 4–6 PORTIONEN

Fülle

120 g Perlweizen

1 Zwiebel • 1 EL Öl

2 Knoblauchzehen

½ Bund Petersilie

100 g Semmelwürfel

100 ml Milch • 2 Eier

1 Prise Cayennepfeffer

Salz und Pfeffer

ev. Semmelbrösel

800 g Schweinskarree ohne Schwarte, ausgelöst

3 Knoblauchzehen

2 TL Kümmel, gemahlen

1 TL Paprikapulver

Salz und Pfeffer

1 mittlere Zwiebel

200 ml Rindsuppe

UNSER SPEZIELLER TIPP

Statt Perlweizen können Sie für die Fülle auch Dinkelreis verwenden.

1. Für die Fülle den Perlweizen in reichlich Wasser ca. 15 Minuten weich kochen, abgießen und auskühlen lassen.

2. In der Zwischenzeit die Zwiebel schälen, sehr fein hacken und im Öl hell rösten, aus der Pfanne nehmen und kalt werden lassen.

3. Die Knoblauchzehen schälen und fein hacken, die Petersilie waschen und fein schneiden.

4. Die Semmelwürfel in der Milch einweichen und gut ausdrücken, mit dem Perlweizen, den Eiern, der Zwiebel, der Petersilie und dem Knoblauch gut vermengen und nach Geschmack mit Cayennepfeffer, Salz und Pfeffer würzen (die Fülle eventuell mit Semmelbröseln festigen).

5. Das Karree von eventuell vorhandenem Fett befreien und längs zur Faser zu einer fingerdicken Platte aufschneiden, beidseitig mit fein gehacktem Knoblauch, Kümmel, Paprikapulver, Salz und Pfeffer würzen.

6. Die Fülle auf dem Fleisch verteilen, einrollen und mit Küchengarn fixieren.

7. Das Karree und die geschälte, geviertelte Zwiebel in eine Bratform geben und die Rindsuppe eingießen.

8. Den Braten unter häufigem Begießen mit der Rindsuppe bei 180 °C ca. 80 Minuten braten.

Perlweizen-Schwammerl-Rolle

**ZUTATEN FÜR 4 PORTIONEN
(ALS HAUPTGERICHT, ALS BEILAGE
FÜR CA. 6 PORTIONEN)**

300 g Perlweizen

600 ml Gemüsesuppe

80 g Pilze (Champignons oder Mischpilze)

1 Zwiebel, fein gehackt

40 g Butter

½ Bund Petersilie, fein gehackt

Salz und Pfeffer

1 Knoblauchzehe, fein gehackt

2 Eidotter

80 ml Milch

70 g Semmelwürfel

2 Eiklar

1 Prise Muskatnuss

1. Den Perlweizen in der Gemüsesuppe ca. 15 Minuten weich dünsten und auskühlen lassen.
2. Die Pilze putzen, waschen und klein schneiden, die Zwiebel in der geschmolzenen Butter glasig andünsten, die Pilze und die Petersilie dazugeben und ohne Deckel kurz dünsten, sodass die Flüssigkeit der Pilze entweichen kann, mit Salz, Pfeffer und dem Knoblauch abschmecken.
3. Die Eidotter mit der Milch versprudeln, die Semmelwürfel und den Perlweizen gut untermischen und die Pilze zugeben.
4. Noch einmal mit Salz, Pfeffer und Muskatnuss abschmecken und 20 Minuten ziehen lassen.
5. Die Eiklar mit einer Prise Salz zu cremigem, nicht zu festem Schnee schlagen und unter die Masse heben.
6. Aus dieser Masse eine Rolle formen, in Frischhaltefolie einwickeln, mehrmals anstechen, die Enden verschließen, in kochendes Salzwasser einlegen und ca. 30 Minuten garen.

UNSER SPEZIELLER TIPP
Diese Perlweizen-Schwammerl-Rolle passt zu Ragoutgerichten und Speisen mit viel Sauce. Aber auch als Hauptgericht mit Salat oder in Form eines Gröstls schmeckt sie ausgezeichnet.

Perlweizenstrudel

ZUTATEN FÜR 1 STRUDEL

100 g Perlweizen

200 ml Gemüsesuppe

70 g Schinken

1 kleine Karotte

½ Bund Petersilie

1 Ei

120 g Topfen

Salz und Pfeffer

1 Msp. Muskatnuss

100 g Strudelteigblätter

1. Den Perlweizen mit der Gemüsesuppe aufkochen und ca. 15 Minuten quellen lassen.
2. Den Schinken fein schneiden, die Karotte waschen, putzen und fein reiben, die Petersilie waschen und fein hacken.
3. Das Ei versprudeln und die halbe Menge zum Bestreichen des Strudels beiseitegeben.
4. Den Perlweizen, den Topfen, den Schinken, die Karotte, die Petersilie, Salz, Pfeffer, Muskatnuss und das halbe Ei miteinander vermengen.
5. Den Strudelteig nach Packungsanleitung vorbereiten, mit der Masse füllen, einrollen, mit Ei bestreichen, die Oberfläche mit einer Gabel mehrmals einstechen und im vorgeheizten Backofen bei 180 °C ca. 20 Minuten backen, aus dem Ofen nehmen und warm servieren.

UNSER SPEZIELLER TIPP
Der Strudel ist eine schmackhafte Beilage zu verschiedenen Ragouts. Sie können ihn aber auch mit Kräuterrahm und Salat als dekorative Vorspeise anrichten.

Pikanter Zwetschken-Semmelknödel

ZUTATEN FÜR CA. 4 PORTIONEN (BEILAGE)

250 ml Milch
180 g Weizenvollgrieß
2 Semmeln (in kleine Würfel geschnitten) oder 80 g Semmelwürfel
40 g Butter
½ Bund Petersilie
100 g Dörrzwetschken
2 Eier
Salz und Pfeffer

1. Die Milch aufkochen, salzen, den Grieß einrieseln lassen, unter Rühren aufkochen und ca. 5 Minuten quellen lassen.
2. Die Semmelwürfel in der Butter anrösten, die Petersilie waschen und fein hacken, die Dörrzwetschken in kleine Würfel schneiden.
3. Alle Zutaten zur Grießmasse geben, mit Salz und Pfeffer würzen und gut durchmischen.
4. Aus der Masse eine Rolle mit ca. 6 cm Durchmesser formen, in Frischhaltefolie einwickeln, mehrmals anstechen, die Enden verschließen, in kochendes Salzwasser einlegen und ca. 40 Minuten köcheln lassen.

Feine Kartoffel-Grießknödel

ZUTATEN FÜR 4 PORTIONEN

500 g Kartoffeln (mehlig kochend)
½ Semmel
25 g Butter
125 g Weizengrieß
1 Ei
Salz

1. Die Kartoffeln dämpfen, schälen und noch heiß pressen, die Semmel kleinwürfelig schneiden und in der Butter rösten.
2. Alle Zutaten rasch zu einem glatten Teig kneten, aus der Masse Knödel formen und diese in leicht kochendem Salzwasser ca. 20 Minuten ziehen lassen.

UNSER SPEZIELLER TIPP
Diese Knödel passen ausgezeichnet zu gebratener Ente oder zu Wild.

Riebel

ZUTATEN FÜR 4 PORTIONEN

200 g Weizen
150 g Roggen
70 g Gerste
40 g Hafer
900 ml Gemüsesuppe
1 TL getrockneter Majoran
60 g Butter
200 g Hartkäse (z. B. Emmentaler oder Bergkäse)
1 Bund Schnittlauch

1. Den Weizen, den Roggen, die Gerste und den Hafer grob schroten, die Gemüsesuppe aufkochen, die Schrotmischung unter Rühren einrieseln und 5 Minuten kochen lassen.
2. Mit dem Majoran würzen und mindestens 2 Stunden quellen lassen.
3. In einer Pfanne 20 g Butter erhitzen, ein Drittel der Getreidemasse hineingeben und braten, dabei mit dem Kochlöffel dauernd zerstoßen und wenden, so lange braten, bis die Masse in bohnengroße Stücke zerfallen ist.
4. In eine befettete Auflaufform füllen, mit einem Drittel des geriebenen Käses bestreuen und im Backofen warm stellen.
5. Die übrige Getreidemasse auf die gleiche Weise braten, in die Auflaufform geben und mit Käse bestreuen.
6. Zum Schluss den fein geschnittenen Schnittlauch darüberstreuen und servieren.

Grießschmarren
mit Apfelkompott

ZUTATEN FÜR 4 PORTIONEN

Grießschmarren

500 ml Milch • 60 g Butter • 1 Vanilleschote

90 g Grieß • 4 Eidotter

etwas abgeriebene Zitronenschale
(unbehandelt) • 2 TL Rum

4 Eiklar • 1 Prise Salz

80 g Kristallzucker

20–40 g Butter

Staubzucker zum Bestreuen

Apfelkompott

1 kg Äpfel • Saft und Schale von 1 Zitrone
(unbehandelt)

ca. 500 ml Wasser • 100–150 g Zucker

einige Gewürznelken • 1 Stück Zimtrinde

1 Prise Kardamom

1. Milch, Butter und die aufgeschlitzte Vanilleschote sowie das ausge-
kratzte Mark aufkochen, Grieß einrieseln lassen und die Masse bei
niedriger Temperatur ca. 10 Minuten unter Rühren köcheln lassen.

2. Die Grießmasse in eine Schüssel füllen, Eidotter nach und nach einrühren und die abgeriebene Zitronenschale sowie Rum hinzufügen.

3. Eiklar mit Salz und einem Drittel des Zuckers cremig schlagen,
den restlichen Zucker dazugeben und zu festem Schnee schlagen,
diesen unter die ausgekühlte Grießmasse heben.

4. Butter in einer Pfanne zerlassen, die Masse einfüllen und im vorgeheizten Backofen bei 190 °C etwa 15 Minuten backen.

5. Für das Kompott die Äpfel schälen, Kerngehäuse entfernen und in
Spalten schneiden, sofort in das mit Zitronensaft vermischte Wasser legen, Zucker und Gewürze hinzufügen und zugedeckt ca.
5 Minuten nicht zu weich dünsten.

6. Den Schmarren aus dem Backofen nehmen, mit Zucker bestreuen
und dann noch einmal 10 Minuten im Backofen karamellisieren.

7. Vor dem Anrichten den Schmarren mit einer Gabel zerreißen, mit
dem Kompott servieren.

159

Waffeln
mit Fruchtmark und Eis

ZUTATEN FÜR 4 PORTIONEN

Waffeln

½ Vanilleschote

250 g Weizenvollkornmehl

1 Prise Salz

125 ml Obers

125 ml Milch

4 EL Wasser

1 EL Honig

2 EL Rum

2 Eier

2 Eidotter

70 g Butter

2 Eiklar

Fruchtmark

400 g Beeren, z. B. Himbeeren

eventuell 1 EL Honig

1. Die Vanilleschote der Länge nach aufschneiden und das Mark mit einem kleinen Messer auskratzen.
2. Aus dem Weizenvollkornmehl, dem Vanillemark, dem Salz, dem Obers, der Milch, dem Wasser, dem Honig, dem Rum, den Eiern und den Eidottern einen Teig herstellen, indem man alle Zutaten gut verrührt.
3. Die Butter schmelzen und in den Teig einrühren, die Masse ca. 20 Minuten rasten lassen.
4. Die Eiklar zu Schnee schlagen und unter die Masse heben.
5. Im Waffeleisen nach Herstellerangaben Waffeln backen.
6. Die Beeren waschen, verlesen, pürieren und nach Geschmack mit Honig süßen.
7. Die Waffeln mit dem Fruchtmark und mit Vanilleeis servieren.

Grießflammeri

ZUTATEN FÜR 4 PORTIONEN

Flammeri

3 Blatt Gelatine

½ Vanilleschote

250 ml Milch

60 g Zucker

abgeriebene Schale von ½ Orange (unbehandelt)

30 g Weizengrieß

200 ml Obers

Sauce

750 g Erdbeeren

30 g Zucker

100 ml Orangensaft

abgeriebene Schale von ½ Orange (unbehandelt)

3 EL Orangenlikör

1. Die Gelatine 10 Minuten in kaltem Wasser einweichen, die Vanilleschote der Länge nach aufschneiden und das Mark mit einem kleinen Messer auskratzen.
2. Die Milch mit dem Zucker, dem Vanillemark und der Orangenschale aufkochen, den Weizengrieß einrieseln lassen, unter ständigem Rühren ca. 3 Minuten kochen, bis die Masse leicht andickt, dann auskühlen lassen.
3. Die Gelatine ausdrücken und mit 1 EL Wasser vorsichtig erwärmen, bis sie sich aufgelöst hat, dann in die kalte Grießmasse einrühren und das steif geschlagene Obers unterheben.
4. Die Masse in kleine Förmchen füllen und im Kühlschrank fest werden lassen.
5. Für die Sauce die Erdbeeren waschen, den Stielansatz entfernen und je nach Größe halbieren oder vierteln.
6. Den Zucker in einem Topf schmelzen, den Orangensaft, die Orangenschale und den Orangenlikör dazugeben und kochen, bis der Zucker sich aufgelöst hat, die Erdbeeren dazugeben und darin kurz erwärmen.
7. Vor dem Stürzen die Förmchen kurz in heißes Wasser tauchen, damit sich das Flammeri gut aus der Form löst, mit den Früchten servieren.

Nuss-Topfennudeln

ZUTATEN FÜR 4 PORTIONEN

Nudeln

250 g Topfen

1 Prise Salz

1 Ei

1 Eidotter

120 g Weizengrieß

120 g Weizenmehl

Nussbrösel

50 g Walnüsse

50 g Butter

100 g Semmelbrösel

40 g Staubzucker

1 Msp. Zimt

1. Den Topfen mit Salz, dem Ei und dem Eidotter gut verrühren, den Weizengrieß einrühren und 20 Minuten kühl stellen.
2. Anschließend das Mehl einarbeiten und aus diesem Teig daumengroße Nudeln formen.
3. Die Nudeln in kochendes Salzwasser einlegen und ca. 10 Minuten ziehen lassen.
4. Die Walnüsse fein reiben, die Butter schmelzen, die Semmelbrösel darin hellgelb rösten, die Walnüsse zugeben und noch kurz mitrösten, den Staubzucker und den Zimt untermischen.
5. Die abgeseihten, gut abgetropften Nudeln in den Nussbröseln wenden, vor dem Servieren mit Staubzucker bestreuen.

Süße Grießknödel mit Weichselsauce

Knödel

½ Vanilleschote
500 ml Milch
100 g Butter
50 g Zucker
abgeriebene Schale von ½ Zitrone (unbehandelt)
200 g Weizengrieß
3 Eier
70 g Semmelbrösel

Weichselsauce

1 l Weichselkompott (ohne Stein)
350 ml Weichselkompottsaft
150 ml Rotwein
50 g Zucker
20 g Maisstärke
2 EL Wasser

100 g Mandeln
40 g Butter
30 g Staubzucker

1. Die Vanilleschote der Länge nach aufschneiden und das Mark mit einem kleinen Messer auskratzen.
2. Die Milch mit der Butter, dem Zucker, der geriebenen Zitronenschale sowie dem Mark der Vanilleschote aufkochen.
3. Den Weizengrieß zugeben und unter Rühren dickbreiig einkochen, die Masse überkühlen lassen und anschließend die Eier und die Semmelbrösel einrühren, die Masse 30 Minuten kühl stellen.
4. Für die Sauce das Weichselkompott abseihen, den Weichselsaft auffangen und 350 ml davon mit dem Rotwein vermischen.
5. Die Flüssigkeit mit dem Zucker aufkochen, die Maisstärke mit dem Wasser glatt rühren, in die kochende Flüssigkeit einrühren, aufkochen lassen und die Weichseln dazugeben.
6. Aus der Grießmasse mit nassen Händen kleine Knödel formen, in kochendes Salzwasser einlegen und ca. 15 Minuten köcheln lassen.
7. In der Zwischenzeit die Mandeln grob reiben, die Butter schmelzen, die geriebenen Mandeln darin vorsichtig rösten und mit dem Staubzucker vermischen.
8. Die gegarten Knödel darin wälzen, mit der lauwarmen Weichselsauce anrichten und überzuckern.

Hausfreunde

ZUTATEN FÜR ½ BACKBLECH

3 Eiklar

150 g Zucker

3 Eidotter

150 g Weizenmehl

150 g Haselnüsse

150 g Rosinen

1. Die Eiklar zu steifem Schnee schlagen, den Zucker einrühren, die Eidotter, das Mehl, die ganzen Haselnüsse und die Rosinen untermengen.

2. Die Masse daumendick auf ein mit Backpapier ausgelegtes Backblech streichen und im vorgeheizten Backofen bei 190 °C ca. 25 Minuten hellbraun backen.

3. Nach dem Auskühlen in kleine Rechtecke oder Rauten schneiden, trocknen lassen und in Keksdosen aufbewahren.

UNSER SPEZIELLER TIPP

Die Hausfreunderl lassen sich sehr gut auf Vorrat backen und aufbewahren, sodass Sie immer etwas Süßes zur Hand haben.

Nussgugelhupf

ZUTATEN FÜR 1 GUGELHUPFFORM (CA. 16 STÜCK)

200 g Butter
5 Eidotter
250 g Rohrzucker
1 Packung Vanillezucker
200 g Walnüsse, fein gerieben
abgeriebene Schale von ½ Zitrone (unbehandelt)
5 Eiklar
220 g Weizenvollkornmehl
1 Packung Backpulver
125 ml Milch
Butter und Mehl für die Form

1. Die Butter flaumig rühren, abwechselnd die Eidotter und zwei Drittel des Zuckers mit dem Vanillezucker einrühren und gut schaumig rühren.
2. Die Nüsse und die Zitronenschale untermengen.
3. Die Eiklar zu steifem Schnee schlagen und mit dem restlichen Zucker ausschlagen.
4. Das Weizenvollkornmehl mit dem Backpulver vermischen und mit der Milch und dem Eischnee abwechselnd unterheben.
5. Die Masse in eine befettete und bemehlte Gugelhupfform füllen und im vorgeheizten Backofen bei 175 °C ca. 70 Minuten backen.

Lebkuchenmuffins

ZUTATEN FÜR CA. 30 KLEINE MUFFINS

40 g Rosinen
2 EL Rum
40 g Mandeln
40 g Butter
2 Eier
60 g Zucker
120 g Honig
1 EL Kakao
10 g Lebkuchengewürz
abgeriebene Schale von ½ Zitrone (unbehandelt)
160 g Weizenmehl
1 TL Backpulver
40 g kandierte Früchte

1. Die Rosinen mit dem Rum vermengen und ziehen lassen, die Mandeln fein reiben.
2. Die Butter flaumig rühren, mit den Eiern und dem Zucker schaumig rühren, den Honig, den Kakao, das Lebkuchengewürz und die Zitronenschale unterrühren.
3. Das Mehl mit dem Backpulver und den Mandeln vermischen und mit den Rosinen und den kandierten Früchten unter den Abtrieb heben.
4. Die Masse in kleine Muffinformen füllen und im vorgeheizten Backofen bei 180 °C ca. 15 Minuten backen.
5. Nach dem Backen mit Staubzucker bestreuen.

UNSER SPEZIELLER TIPP
Servieren Sie diese Muffins in der Advent- und Weihnachtszeit als Ergänzung zum Keksteller.

Perlweizenpudding

ZUTATEN FÜR 4 PORTIONEN

100 g Perlweizen	
1 Packung Vanillezucker	
1 Prise Salz	
250 ml Milch	
4 Blatt Gelatine	
60 ml Maraschino	
50 g Staubzucker	
250 ml Obers	

UNSER SPEZIELLER TIPP

Servieren Sie den Perlweizenpudding mit einer feinen Fruchtsauce. Dazu eignet sich sehr gut eine bunte Beerenmischung.

1. Den Perlweizen, den Vanillezucker und das Salz mit der Milch verrühren und aufkochen, die Hitze reduzieren, 15 Minuten köcheln und anschließend überkühlen lassen.
2. Die Gelatine 10 Minuten in kaltem Wasser einweichen, ausdrücken, mit dem Maraschino vorsichtig erwärmen, bis die Gelatine sich aufgelöst hat.
3. Die aufgelöste Gelatine mit 2 EL Perlweizenmasse vermengen und diese Mischung gemeinsam mit dem gesiebten Staubzucker rasch in die restliche Perlweizenmasse einrühren.
4. Das Obers steif schlagen, bevor der Perlweizenpudding zu stocken beginnt, das Obers unterheben.
5. Kleine Puddingformen mit kaltem Wasser ausspülen, den Pudding einfüllen und zum Durchkühlen ca. 1 Stunde in den Kühlschrank stellen.
6. Vor dem Servieren die Formen kurz in heißes Wasser tauchen und den Pudding stürzen.

Haselnusszwieback

**ZUTATEN FÜR 1 KASTENFORM
(CA. 80 STÜCK)**

6 Eiklar
180 g Zucker
100 g Butter
200 g Weizenmehl
200 g Haselnüsse (ganz)
1 EL Vanillezucker

1. Die Eiklar zu Schnee schlagen und mit dem Zucker ausschlagen.
2. Die zerlassene und überkühlte Butter unterrühren, das Mehl, die Haselnüsse und den Vanillezucker unterheben.
3. Die Masse in eine befettete und bemehlte Kastenform füllen und im vorgeheizten Backofen bei 170 °C ca. 50 Minuten hellbraun backen.
4. Den gut ausgekühlten Kuchen (am besten erst am nächsten Tag) mit der Brotschneidemaschine in hauchdünne Scheiben schneiden und auf ein mit Backpapier ausgelegtes Backblech nebeneinander auflegen.
5. Im vorgeheizten Backofen bei 190 °C ca. 10 Minuten hell bähen.

UNSER SPEZIELLER TIPP
Die Nüsse beim Haselnusszwieback können zum Teil auch durch ungesalzene Kürbiskerne oder durch Walnüsse ersetzt werden.

Baguette

ZUTATEN FÜR 2 BAGUETTES

250 g glattes* Weizenmehl
250 g griffiges* Weizenmehl
10 g Salz
20 g Germ
10 g Zucker
30 g Olivenöl
150 ml Wasser
Maisstärke

* In Österreich gibt es bei Weizenmehl die Unterscheidung „glatt" (sehr feinkörnig vermahlen) und „griffig" (etwas grobkörniger). Die Mischung aus beiden entspricht in Deutschland Weizenmehl der Type 405.

1. Beide Mehlsorten mit dem Salz vermischen, die Germ mit dem Zucker verrühren und gemeinsam mit dem Öl und dem kalten Wasser zur Mehlmischung geben.
2. Alle Zutaten rasch und gut vermischen und ca. 2 Stunden mit einer Folie abgedeckt gehen lassen.
3. Den Teig auf eine bemehlte Fläche stürzen, halbieren und ohne viel zu kneten beide Teile jeweils zu langen, dünnen Wecken formen, dafür die Stücke flach zu Rechtecken drücken, eng mit den Fingerspitzen einrollen und so die Baguettes formen.
4. Nochmals ca. 20 Minuten gehen lassen, mit Maisstärke bestreuen und die Baguettes bei 240 °C ca. 35 Minuten backen.
5. Nach etwa 5 Minuten Backzeit die Baguettes an der Oberfläche mit einem scharfen Messer mehrmals schräg einschneiden.

UNSER SPEZIELLER TIPP
Die Baguettes können auch beliebig gefüllt werden. So können gehackte Oliven, getrocknete Tomaten oder Kräuter vor dem Einrollen auf dem Teig verteilt werden.

Topfenbrot

ZUTATEN FÜR 1 WECKEN BZW. 1 KASTENFORM

42 g Germ	
250 ml Milch	
50 g Butter	
750 g Weizenmehl	
250 g Topfen	
15 g Salz	

1 Ei zum Bestreichen

1. Die Germ in 100 ml lauwarmer Milch auflösen, die Butter schmelzen und die restliche Milch erwärmen.
2. Das Mehl mit dem Topfen, der aufgelösten Germ, der geschmolzenen Butter, dem Salz und der Milch zu einem mittelfesten, sehr glatten Teig kneten.
3. Zugedeckt an einem warmen Ort 45 Minuten gehen lassen, bis sich das Teigvolumen verdoppelt hat.
4. Den Teig noch einmal kurz durchkneten, zu einem Wecken formen oder in eine befettete Kastenform füllen, nochmals 30 Minuten gehen lassen.
5. Das Ei verquirlen und die Oberfläche des Brotes damit bestreichen.
6. Im vorgeheizten Backofen bei 220 °C 30–40 Minuten backen.

Burgerbrötchen

ZUTATEN FÜR CA. 6 STÜCK

15 g Germ
200 ml Wasser
250 g griffiges Weizenmehl
80 g Dinkelvollkornmehl
7 g Salz
30 g Butter

1. Die Germ im lauwarmen Wasser auflösen und mit den restlichen Zutaten zu einem mittelfesten Teig verkneten.
2. Den Teig zugedeckt an einem warmen Ort gehen lassen, bis sich das Volumen verdoppelt hat.
3. Den Teig in 6 gleich große Stücke teilen und runde Brötchen formen.
4. Die Brötchen auf ein mit Backpapier belegtes Backblech geben, noch 10 Minuten gehen lassen, mit Wasser bestreichen oder besprühen und mit Sesam bestreuen.
5. Im vorgeheizten Backofen bei 200 °C 15–20 Minuten backen.

UNSER SPEZIELLER TIPP

Diese Burgerbrötchen können nach Belieben mit einem Gemüse- oder Fleischlaibchen und Gemüse der Saison gefüllt werden.

Gewürzbrot

im Blumentopf

ZUTATEN FÜR 2 GROSSE TÖPFE ODER CA. 6 KLEINE TÖPFE

500 g Weizenmehl
20 g Germ
125 ml lauwarme Milch
1 Prise Zucker
1 Zwiebel
1 Knoblauchzehe
50 g Butter
2 Eier
10 g Salz
1 Prise Muskatnuss
1 TL Anis
½ TL Fenchel
1 TL getrockneter Dill
½ TL geriebener Rosmarin
2 neue Blumentöpfe aus Ton
(14 cm Durchmesser)
Rapsöl für die Blumentöpfe
1 TL Anis zum Bestreuen

1. Das Weizenmehl in eine Schüssel geben, in der Mitte eine Mulde formen, die Germ einbröseln, mit 3 EL lauwarmer Milch, dem Zucker und etwas Mehl verrühren und zugedeckt an einem warmen Ort 15 Minuten stehen lassen.
2. Die Zwiebel und den Knoblauch schälen und fein hacken, die weiche Butter mit den Eiern verrühren.
3. Alle Zutaten zu einem mittelfesten glatten Teig verkneten und diesen zugedeckt gehen lassen, bis sich das Volumen verdoppelt hat.
4. Die Blumentöpfe mit Rapsöl ausstreichen und jeweils mit der Hälfte des Teiges befüllen, nochmals 20 Minuten gehen lassen.
5. Mit Wasser bestreichen, mit Anis bestreuen und im vorgeheizten Backofen bei 225 °C 40 Minuten backen.

UNSER SPEZIELLER TIPP

Man kann den Teig auch auf kleinere Blumentöpfe mit 5 cm Durchmesser verteilen (die Backzeit verringert sich dann auf ca. 30 Minuten) und diese Gewürzbrote als Jourgebäck mit den Blumentöpfen bei Buffets dekorativ aufstellen.

Buttermilchgebäck

ZUTATEN FÜR CA. 12 STÜCK

350 g Weizenvollkornmehl

150 g Weizenmehl

30 g Germ

6 EL lauwarmes Wasser

1 TL Zucker

1 EL Leinsamen

1 TL Kümmel

1 TL Anis

300 ml Buttermilch

10 g Salz

20 g zimmerwarme Butter

1 Eidotter

2 EL Buttermilch

Sesam, Mohn, Kümmel, Leinsamen, Kürbiskerne etc. zum Bestreuen

1. Beide Mehlsorten in eine Schüssel geben, in der Mitte eine Mulde formen, die Germ einbröseln, mit dem lauwarmen Wasser, dem Zucker und etwas Mehl verrühren und zugedeckt an einem warmen Ort gehen lassen, bis sich das Volumen der aufgelösten Germ verdoppelt hat.

2. Leinsamen, Kümmel und Anis grob zerkleinern, alle Zutaten vermengen, zu einem mittelfesten Teig verkneten und zugedeckt an einem warmen Ort 45 Minuten gehen lassen.

3. Den Teig nochmals gut verkneten, daraus eine Rolle formen, in ca. 12 gleich große Stücke teilen.

4. Daraus Gebäckstücke nach Belieben formen, auf das mit Backpapier ausgelegte Backblech geben und noch 10 Minuten gehen lassen.

5. Den Eidotter mit der Buttermilch verrühren, die Oberfläche damit bestreichen und mit beliebigen Samen oder Kernen bestreuen.

6. Im vorgeheizten Backofen bei 220 °C 5 Minuten backen, die Hitze auf 200 °C reduzieren und weitere 15–20 Minuten backen.

Nuss-Joghurt-Brot

ZUTATEN FÜR 1 KASTENFORM (LÄNGE: 30 CM)

350 g Weizenmehl
150 g Weizenvollkornmehl
10 g Salz
2 TL Backpulver
1 TL Natron
100 g Walnüsse
80 g Sonnenblumenkerne
2 EL Rapsöl
1 TL Honig
200 ml Joghurt
300 ml Milch

1 TL Rapsöl
30 g Sonnenblumenkerne für die Form

1. Die beiden Mehlsorten mit Salz, Backpulver, Natron, den Nüssen und den Sonnenblumenkernen vermischen.
2. Das Rapsöl mit dem Honig, dem Joghurt und der Milch verrühren, zum Mehlgemisch geben, und alles zu einem weichen Teig verkneten.
3. Eine Kastenform mit Rapsöl ausstreichen und mit Sonnenblumenkernen ausstreuen.
4. Den Teig in die befettete Form füllen und im vorgeheizten Backofen bei 200 °C 1 Stunde backen.

Schnelles Vollkornbrot

ZUTATEN FÜR 1 KASTENFORM (LÄNGE: 30 CM)

30 g Germ
1 TL Zucker
450 ml lauwarmes Wasser
500 g Weizenvollkornmehl
10 g Salz
2 EL Brotgewürz
80 g Sonnenblumenkerne
40 g Sesam
40 g Leinsamen
2 EL Buttermilch

1 TL Rapsöl für die Form

1. Die Germ und den Zucker in 250 ml lauwarmem Wasser auflösen und mit 3 EL vom Mehl verrühren.
2. Das Mehl mit der aufgelösten Germ und allen übrigen Zutaten zu einem glatten Teig verkneten.
3. Den Teig in eine befettete Kastenform füllen, kurz gehen lassen und bei 210 °C 60 Minuten backen.

UNSER SPEZIELLER TIPP
Variieren Sie die Ölsamen und Kerne nach persönlichem Geschmack.

Toastbrot

ZUTATEN FÜR 1 KASTENFORM

15 g Germ

50 ml Milch

40 g Weizenmehl

460 g Weizenmehl

250 g Milch

30 g Öl

5 g Zucker

4 g Salz

1. Die Germ in ca. 50 ml lauwarmer Milch auflösen, mit 40 g Mehl zu einem Dampfl (Vorteig) vermengen und ca. 10 Minuten gehen lassen.
2. Das Dampfl mit den restlichen Zutaten zu einem glatten Teig kneten und ca. 40 Minuten gehen lassen.
3. Den Teig in eine befettete und bemehlte Kastenform füllen und nochmals 20 Minuten gehen lassen.
4. Im vorgeheizten Backofen bei 190 °C ca. 45 Minuten backen.

Weizenvollkorngebäck

ZUTATEN FÜR CA. 15 STÜCK

250 g Weizenvollkornmehl
250 g Weizenmehl
1 Packung Trockengerm
½ TL Zucker
10 g Salz
2 TL Brotgewürz
40 g zimmerwarme Butter
ca. 300 ml lauwarme Milch

Milch zum Bestreichen
Mohn, Sesam, Kümmel, Leinsamen etc.
zum Bestreuen

1. Alle Zutaten zu einem mittelfesten Teig verkneten und an einem warmen Ort zugedeckt gehen lassen, bis sich das Teigvolumen verdoppelt hat.
2. Den Teig nochmals durchkneten und Gebäckstücke nach Belieben formen.
3. Diese auf ein mit Backpapier belegtes Backblech geben, ca. 15 Minuten gehen lassen, mit Milch bestreichen und mit beliebigen Körnern, Samen oder Gewürzen bestreuen.
4. Im vorgeheizten Backofen bei 200 °C ca. 20 Minuten backen.

Ciabatta

mit Oliven und Rucola

ZUTATEN FÜR 3 WECKEN

50 g entsteinte schwarze Oliven
50 g Rucola
20 g Germ
1 Prise Zucker
400 ml Wasser
400 g Weizenmehl
200 g Roggenmehl
12 g Salz
2 EL Olivenöl

1. Die Oliven und den Rucola grob schneiden, die Germ und eine Prise Zucker in 100 ml lauwarmem Wasser auflösen.
2. Beide Mehlsorten mit der aufgelösten Germ und allen übrigen Zutaten zu einem Teig kneten.
3. Den Teig mindestens 4 Stunden oder über Nacht kühl gehen lassen.
4. Am nächsten Tag aus dem Teig auf einer gut bemehlten Arbeitsfläche 3 längliche Wecken formen, auf das mit Backpapier ausgelegte Backblech geben und 20 Minuten gehen lassen.
5. Im vorgeheizten Backofen bei 200 °C ca. 30 Minuten backen.

Zwiebel-Kräuter-Fladen

ZUTATEN FÜR CA. 14 FLADEN

1 Zwiebel
3 Knoblauchzehen
30 g Butter
42 g Germ
400 ml Wasser
500 g Weizenvollkornmehl
200 g Roggenmehl
4 EL fein gehackte Kräuter (Thymian, Majoran, Basilikum, Rosmarin, Ysop)
1 EL Olivenöl
15 g Salz
1 EL Sesam zum Bestreuen

1. Die Zwiebel und die Knoblauchzehen schälen, fein hacken und in der erhitzten Butter anschwitzen.
2. Die Germ in 100 ml Wasser auflösen, dann alle Zutaten zu einem weichen Teig verkneten.
3. Den Teig zugedeckt an einem warmen Ort 50 Minuten gehen lassen, bis sich das Volumen verdoppelt hat.
4. Den Teig nochmals durchkneten, zu einer Rolle formen, in ca. 14 gleich große Stücke teilen und zu handtellergroßen Fladen drücken.
5. Die Fladen auf ein mit Backpapier ausgelegtes Backblech legen, mit Wasser bestreichen oder besprühen und mit Sesam bestreuen.
6. Die Fladen an einem warmen Ort 5–10 Minuten gehen lassen.
7. Im vorgeheizten Backofen bei 200 °C ca. 15 Minuten backen.

Schnelle Stangerln

ZUTATEN FÜR 24 STÜCK

20 g Germ	
250 ml lauwarme Milch	
250 g Weizenmehl	
250 g Weizenvollkornmehl	
60 g Butter	
10 g Salz	

1 Ei zum Bestreichen
1 EL grobes Salz und 1 TL Kümmel
zum Bestreuen

1. Die Germ in 100 ml lauwarmer Milch auflösen, beide Mehlsorten mit der aufgelösten Germ, der zimmerwarmen Butter, dem Salz und der Milch zu einem mittelfesten Teig kneten.
2. Den Teig in 4 gleich große Stücke teilen und auf einer bemehlten Arbeitsfläche zu Kreisen mit je 25 cm Durchmesser ausrollen. Jeden ausgerollten Teigkreis in 6 keilförmige Stücke schneiden (wie bei der Teilung einer Torte).
3. Die Teigkeile von der breiten Seite zur Spitze hin zu Stangerln aufrollen und auf ein mit Backpapier ausgelegtes Backblech geben.
4. Das Ei verquirlen und die Stangerln damit bestreichen, mit grobem Salz und Kümmel bestreuen.
5. Die Stangerln noch 15 Minuten gehen lassen und danach im vorgeheizten Backofen bei 200 °C ca. 20 Minuten backen.

Sprossenaufstrich

ZUTATEN FÜR 150 G

50 g Weizenkeime	
1 EL Rettich- oder Senfsprossen	
3 EL Alfalfasprossen (= Leguminosen)	
1 Tomate	
½ Bund Petersilie	
50 g Topfen	
Kräutersalz	

1. Die Keime und die Sprossen in einem Sieb gut abspülen und abtropfen lassen.
2. Die Tomate waschen und klein würfeln, die Petersilie waschen und fein hacken.
3. Alle Zutaten verrühren und nach Geschmack würzen.

UNSER SPEZIELLER TIPP
Wie man Sprossen ganz einfach selbst ziehen kann, ist auf den Seiten 24 ff. beschrieben.

Sprossensalat

ZUTATEN FÜR 4 PORTIONEN

1 Tasse Weizensprossen
2 Tassen Sprossenmix
½ gelbe Paprikaschote
½ rote Paprikaschote
300 g Zucchini
1 Frühlingszwiebel
2 EL Kürbiskerne
2 EL Weißweinessig
1 Prise Zucker
Kräutersalz
4 EL Olivenöl
½ Tasse Kresse

1. Die Sprossen in einem Sieb unter fließendem, kaltem Wasser abspülen, die Paprikaschoten waschen, putzen und in feine Streifen schneiden, mit den Sprossen in eine Schüssel geben.

2. Die Zucchini waschen und in Stifte schneiden, die Frühlingszwiebel putzen und fein würfeln, die Kürbiskerne grob hacken.

3. Den Essig mit Zucker, Kräutersalz, der Frühlingszwiebel und dem Olivenöl verrühren, das Gemüse und die Sprossen mit dieser Marinade übergießen, gut mischen und mit Kürbiskernen und Kresse bestreut anrichten.

DIE AUTORINNEN

Dipl.-Ing. Bernadette Baumgartner
* 1966 in Grieskirchen (OÖ)

Studium an der Universität für Bodenkultur (Pflanzenproduktion) und an der Hochschule für Agrar- und Umweltpädagogik in Wien. Seit 1998 Lehrtätigkeit an der HBLA für Landwirtschaft und Ernährung in Elmberg/Linz in den Bereichen Pflanzen- und Gartenbau und Projektmanagement.

Mag. Dr. Birgit Pauline Hauer
* 1968 in Linz

Absolvierung des Lehramtsstudiums Haushalts- und Ernährungswissenschaften sowie Geschichte und Sozialkunde an der Universität Wien. Seit 1992 Lehrerin im Bereich Ernährung und Küchenführung, seit 1998 an der HBLA für Landwirtschaft und Ernährung in Elmberg/Linz.

Mag. Christine Mahringer-Eder
* 1961 in Streinesberg (OÖ)

Studium der Haushalts- und Ernährungswissenschaften und Geografie in Wien. Seit 1989 Lehrtätigkeit an der HBLA für Landwirtschaft und Ernährung in Elmberg/Linz in den Bereichen Ernährung, Lebensmittelverarbeitung und Geografie.

Dipl. Päd. Ing. Eva Maria Mayrwöger
* 1977 in Freistadt (OÖ)

Absolvierung der Agrarpädagogischen Akademie in Wien Ober St. Veit. Seit 1999 Lehrtätigkeit an der HBLA für Landwirtschaft und Ernährung in Elmberg/Linz in den Bereichen Lebensmittelverarbeitung und Projektmanagement.

Dipl. Päd. Ing. Anna Obermayr
* 1945 in Gurten (OÖ), † 2015 in Linz

Absolvierung der Agrarpädagogischen Akademie in Wien Ober St. Veit. Anschließend fünf Jahre Beraterin in der Landwirtschaftskammer sowie Mitarbeiterin in einem agrartechnischen Büro. Von 1988 bis 2008 Lehrtätigkeit an der HBLA für Landwirtschaft und Ernährung in Elmberg in den Bereichen Ernährung und Küchenführung.

Vom gleichen Autorinnenteam ist 2003 im Leopold Stocker Verlag auch das Buch „Eingelegte Köstlichkeiten" erschienen.